非常鲁迅

——读懂鲁迅的24个侧面

张国伟 著

山东城市出版传媒集团·济南出版社

图书在版编目(CIP)数据

非常鲁迅:读懂鲁迅的24个侧面/张国伟著.—
济南:济南出版社,2017.4(2021.7重印)
ISBN 978-7-5488-2529-6

Ⅰ.①非… Ⅱ.①张… Ⅲ.①鲁迅(1881—1936)—
人物研究 Ⅳ.①K825.6

中国版本图书馆CIP数据核字(2017)第101044号

非常鲁迅——读懂鲁迅的24个侧面

责任编辑 郑　敏
内文插画 张国伟
封面设计 刘　畅
出版发行 济南出版社
地　　址 山东省济南市二环南路1号
邮　　编 250002
电　　话 (0531)86131730
网　　址 www.jnpub.com
经　　销 各地新华书店
印　　刷 阳信龙跃印务有限公司
版　　次 2017年4月第1版
印　　次 2021年7月第2次印刷
开　　本 150mm×230mm　16开
印　　张 16
字　　数 200千
印　　数 1-3000册
定　　价 48.00元

法律维权0531-82600329
(济南版图书,如有印装错误,可随时调换)

前言 Preface

1936年8月的一个夜晚，处于弥留之际的鲁迅写下了这样的文字："无尽的远方，无数的人们，都和我有关。"两个月后，鲁迅与世长辞，告别了他无限眷恋的世界。在随后举行的追悼会上，人们在他的灵柩上覆盖了"民族魂"的大旗。郁达夫在《怀鲁迅》一文中说："没有伟大的人物出现的民族，是世界上最可怜的生物之群；有了伟大的人物，而不知拥护、爱戴、崇仰的国家，是没有希望的奴隶之邦。"诗人臧克家则在《有的人》中这样评价鲁迅："有的人死了，他还活着。"

80多年过去了，鲁迅已经成为我们这个民族最具有浓烈象征意味的符号，鲁迅的作品也成为我们这个时代不可或缺的精神资源。然而，很多年轻人对鲁迅的了解仅限于中小学阶段学过的几篇文章。即使是那样几篇文章，也颇觉艰涩，以至于产生了"一怕文言文，二怕写作文，三怕周树人"的调侃。

鲁迅自己也曾说过："我的文章，未有阅历的人实在不见得看得懂。"然而，作为20世纪最伟大的中国作家，鲁迅本身就是一道气象万千的文化风景，拥有超越时空的巨大魅力。因此，在21世纪的今天，我们仍然有重读鲁迅的必要。

鲁迅是渊博的。时至今日，我们已经无法统计他在并不算漫长的一生中究竟读过多少书。不必说文学、历史与哲学，即使在艺术和科学领域，他也同样拥有宏阔的视野。读他的文字仿佛在面对一部百科全书。老舍曾经说过："鲁迅先生的渊博，助成了他的伟大。"

鲁迅是深刻的。他从阿Q身上提炼的"精神胜利法"，是中国的，也是世界的，至今仍是洞察人性的一扇窗口。无数"爱国青年"视外国物质文化为洪水猛兽,动辄高呼"抵制 x 货",为此,他提出了"拿来主义"的主张……

鲁迅拥有惊人的创造力。现代文学史上第一篇白话小说《狂人日记》,第一本散文诗集《野草》,第一部全面研究中国古代小说的学术著作《中国小说史略》,第一个把"杂文"这种文体提升到前所未有的高度……从狂人到阿 Q,从孔乙己到祥林嫂,在现代文学史上,没有谁像鲁迅这样为我们奉献数量如此众多且具有典型意义的人物形象。

鲁迅是冷峻的,也是火热的。"寄意寒星荃不察,我以我血荐轩辕。""横眉冷对千夫指,俯首甘为孺子牛。""忍看朋辈成新鬼,怒向刀丛觅小诗。"……

鲁迅是一座开掘不尽的文化矿藏。

鲁迅是不朽的,但他却希望自己的文字"速朽",他曾说过:"我以为凡对于时弊的攻击,文字须与时弊同时灭亡。""我的话已经说完,去年说的,今年还适用,恐怕明年也还适用。但我诚恳地希望它不至于适用到十年二十年之后。倘这样,中国可就要完了。"阅读鲁迅,实际上就是认识我们这个民族,认识我们这个时代。

鲁迅不仅仅是中国社会的一面镜子,也是当代青年的一面镜子。早在 100 年前,在白话小说处女作《狂人日记》中,他就曾经借"狂人"之口大声疾呼:"救救孩子!"终其一生,鲁迅最关心的始终是青年。他写给青年的文字更是举不胜举。然而,"青年又何能一概而论?有醒着的,有睡着的,有昏着的,有躺着的,有玩着的,此外还多。但是,自然也有要前进的"。每一个前进着的青年,都能够从鲁迅的文字中获得有益的启示。

当然,鲁迅远远算不上"完美"。他身高只有 1.6 米左右,且不修边幅,用"时尚达人"的标准来评价,他简直有些邋遢。在生活中,他烟不离手,饮酒常醉,且零食不住嘴。他的确有些敏感、多疑,有时候甚至是偏激的。此外,鲁迅还有些大男子主义。在对待自己身体的问题上,他有着令人绝望的偏执,自始至终只肯让一个日本医生来给他看病,不肯听人劝告换个大夫,否则,他也许不至于只活到55岁。一句话,鲁迅身上有诸多缺点,但正如他所说的,“有缺点的战士终竟是战士”。我们从这些“缺点”中看到的是一个有血有肉的“人”,而不是一个高高在上的“神”。

马克思说过:“人的本质并不是单个人所固有的抽象物。在其现实性上,它是一切社会关系的总和。”当我们把鲁迅置于纷繁复杂的社会关系的网络中进行审视的时候,我们就获得了观察鲁迅的多重视角。透过鲁迅所扮演的不同的社会角色,透过鲁迅的人生历程,透过鲁迅的作品,我们可以全方位地了解鲁迅的精神世界,从而认识我们这个民族,并进一步认识我们自身。这,也正是本书的写作目的。

目录 Contents

梦里依稀慈母泪

——孝子鲁迅

鲁迅小时候，本家长辈送给他一本《二十四孝图》。这是鲁迅拥有的第一本属于自己的图画书。但是，“我于高兴之余，接着就是扫兴，因为我请人讲完了二十四个故事之后，才知道‘孝’有如此之难，对于先前痴心妄想，想做孝子的计划，完全绝望了”。例如，在看过《郭巨埋儿》这个故事之后，鲁迅就为自己捏了一把汗，“不但自己不敢再想做孝子，并且怕我父亲去做孝子了”。他怕啥?他怕父亲学郭巨做孝子，为了养活祖母，把他给埋了。而且，这一紧张就是好多年，直到“白发的祖母”去世才得以消除。可想而知，鲁迅对中国畸形的孝道何等厌恶。但是孝敬父母跟畸形的孝道毕竟是两码事，作为一种传统美德，它在鲁迅身上却有着完美的体现。

古人说:“百善孝为先。”对自己的父母不懂得孝敬的人，很难想象他会尊敬别人，更不会对社会有强烈的责任感。《孝经》有云:“孝子之事亲也，居则致其敬，养则致其乐，病则致其忧。”也就是说，平时要懂得尊敬父母，赡养父母要让他们快乐，父母生病时要表达关切。拿这三条标准来衡量鲁迅，我们会得出怎样的结论呢？

居则致其敬

《论语》有云："子游问孝。子曰：'今之孝者，是谓能养。至于犬马，皆能有养。不敬，何以别乎？'"说的是对父母不仅要赡养，更要懂得尊敬，否则，就跟养犬马没什么两样了。

鲁迅的父亲叫周伯宜，是个秀才，思想比较开通。鲁迅在《朝花夕拾》中不止一次回忆起自己的父亲。可惜父亲得了重病，在36岁英年早逝，当时鲁迅只有15岁，尚未长大成人。正所谓："树欲静而风不止，子欲养而亲不待。"

鲁迅的母亲鲁瑞，出生于绍兴安桥头村。虽然也是个"乡下人"，但不是农家女，据说她的父亲是一位捐做了京官的盐商。鲁迅的祖父也在北京做过官，两家算得上门当户对。鲁瑞不仅是典型的贤妻良母，而且是称职的儿媳妇、孙媳妇。她刚嫁入周家时，鲁迅的太祖母戴氏还健在。作为长孙媳妇，吃饭的时候，鲁瑞总是给戴氏布好菜，每隔几天给老人洗洗脚，经常在睡觉前陪老人说说话，堪称尽职尽责。鲁迅的祖母其实是周伯宜的继母，但鲁瑞待她像亲婆婆一样。鲁迅祖父脾气不好，从西太后到儿孙辈，都被他骂过，可他就是不敢骂儿媳妇鲁瑞。原因很简单，她行事正直，令人尊敬。

不仅如此，鲁迅的母亲还具有坚忍刚强的性格。自丈夫周伯宜死后，她就挑起了全家生活的重担。虽家庭破落，生活贫困，但她在极其艰难的条件下，顶住来自各方面的压力，变卖首饰，送鲁迅去南京的洋务学堂读书，后又让鲁迅东渡日本去留学。清末兴起天足运动，她就放了脚。有人笑话她："某人放了大脚，要去嫁给外国鬼子了。”她听到这话，不屑置辩：“可不是吗，那倒真是很难说的呀。”最不可思议的是，老太太70多岁时居然学会了织毛衣。她曾亲手设计了一款像旗袍一样长的蓝毛衣，穿到身上，别具一格，是不是有时尚达人的感觉？难怪鲁迅佩服地说：“我的母亲如果年轻二三十岁，也许要成为女英雄呢！”

身教重于言传，母亲的所作所为深深地影响了鲁迅。鲁迅曾在多篇文章中提到自己的母亲，他的小说《社戏》《故乡》等，也有母亲的影子。从他的笔名“鲁迅”与母亲同姓这一点不难看出，母亲是鲁迅最尊敬的人。

1909年，鲁迅在杭州两级师范学堂教书，冬天，鲁迅的母亲特意派家里的男用人王鹤照给他送棉被。王鹤照临回绍兴，鲁迅特意买了牛肉干、橘子，让他带回去给老太太吃。后来鲁迅在绍兴教书，星期六晚上一般都会回家睡觉。每次鲁迅从学校回到家里，总是先走到母亲的房门口，亲切地喊声：“姆娘，我回来哉！”然后进屋，陪母亲聊上一会儿。有时讲绍兴都督王金发如何如何，鲁老太太蛮有兴致地听着，谈完了，鲁老太太就说：“休息去吧，老大！”这样鲁迅才到自己的房里去休息。

当然，对母亲的尊敬与绝对服从也让鲁迅喝下了包办婚姻的苦酒。

鲁迅不信佛教，但母亲信佛。1914年7月，为了给母亲祝寿，鲁迅专门出资请当时著名的南京刻经处刻印佛教经典《百喻经》一百册。

1919年，鲁迅在北京教育部工作期间，在北京西城八道湾11号购置了一套住房，购房当年，鲁迅就亲自返回绍兴，把母亲和其他家属接到了北京。1923年，鲁迅跟周作人决裂后，搬出了八道湾，迁入砖塔胡同暂住。母亲虽然还住在八道湾，但鲁迅仍在砖塔胡同给母亲留出一间东屋，供母亲来时居住。

后来，鲁迅怕母亲住不惯租来的房子，为了安慰母亲，又向朋友借了 800 元钱，在阜成门内宫门口西三条胡同买了房子，入住不到半个月，就把母亲接来同吃同住。这是一所北京典型的小四合院，鲁迅把最好的东屋给母亲住，自己则住在客厅外接出的一个平顶棚子里，北京人称之为“老虎尾巴”。鲁迅每次出门，都要到母亲房里说一声：“姆娘，我出去哉！”每次回家，也一定跟在绍兴时一样，到母亲房里说一声：“姆娘，我回来哉！”然后问问母亲有什么事。鲁迅那时可是40 多岁的人了，在母亲面前，他仍然毕恭毕敬得像个孩子！每月发工资，鲁迅都要买回各种点心，总是先送到母亲房里，要母亲挑选合意的留下，然后让夫人朱安挑，剩下的才留给自己。

有一天晚上，他那间名曰“老虎尾巴”的书房里挤满了年轻人，其中还有一对新婚夫妇。这些人也许是喝了酒的缘故，肆无忌惮，口无遮拦，说了几句过头的话。鲁迅阴沉着脸走了出去，走进母亲的房间，然后用绍兴话生气地对母亲说：“他们同我开玩笑！”不久，他的母亲走到“老虎尾巴”门口说：“今天时候已经不早，老大喝了点儿酒，也得早点儿休息；大家就都回去吧，要谈，以后再来。”于是，这些年轻人有的伸伸舌头，有的眨眨眼睛，争先恐后地溜走了。那一刻，鲁迅也许更像一个被人欺负了的男孩，需要母亲的安慰和帮助。

1926 年 8 月，鲁迅离京南下，先后在厦门大学、广州中山大学任教。1927 年 10 月，他和许广平到上海定居。北京的家，托付给他的小同乡许羡苏看管，母亲也由许羡苏帮助照看。1931 年 3 月以后，许羡苏离开北京，去外地教书，鲁迅和母亲开始通信，到他逝世时，6 年多的时间里共给母亲写了 116 封家信。今天，我们重读这些文字，还会感受到鲁迅那颗深挚的孝子之心。

鲁迅不仅在信里向母亲报平安，免得母亲挂念，还经常把近照寄给母亲。母亲收到鲁迅寄来的照片，常放在枕边，想念时就拿出来看看。母亲寄来的照片，鲁迅也会配上镜框，挂在房中。

海婴出生之后，鲁迅与许广平经常称呼小家伙为“狗屁”，这当然是昵称了，母亲听到后却很不高兴。鲁迅在写给许广平的信中特意提醒这一点，想必也是出于对母亲的尊敬。

养则致其乐

鲁迅最反感的是《二十四孝图》里面“老莱子娱亲”一节。一个 70 岁的老头子，为了让父母开心，假装在地上跌倒，像婴儿一样哇哇地哭，何等虚伪！他“没有再看第二回，一到这一叶（页），便急速地翻过去了”。但是，让母亲高兴，对每一个孝子来说又是天经地义的事。对此，鲁迅是怎么做的呢？

为母亲过生日。1916 年 11 月 19 日（阴历），是鲁迅母亲六十大寿。鲁迅先从北京寄回 60 元钱，在生日将临时，又提前一周从北京赶回绍兴，为母亲祝寿。鲁迅的母亲从小爱看社戏，爱听平湖调，为了让母亲高兴，鲁迅特邀请平湖调演员来家里演唱。这一天，“上午祀神，午祭祖，夜唱‘平湖调’”，家里热闹非凡，自然也是鲁迅母亲最欣慰的一天。

陪母亲游山玩水。我们在鲁迅的作品中几乎看不到游记，鲁迅自己也承认，他的笔下没有风景。鲁迅似乎不怎么喜欢游山玩水，据说他在上海虹口公园附近住了六年，也从没有进公园逛过一次。连郁达夫要移居杭州他还写诗劝阻："坟坛冷落将军岳，梅鹤凄凉处士林。何似举家游旷远，风波浩荡足行吟。"然而在北京的时候，他却愿意抽出宝贵的时间，陪同母亲到香山、碧云寺、钓鱼台等地游览。

给母亲买书寄书。鲁迅的母亲"以自修得到能够看书的学力"。她最初读的是弹词之类，随后看的是小说，她看得很多也很快，每隔一段时间，她就会对鲁迅说："老大，我没有书看哉！"鲁迅就得忙着给母亲买书来看。老太太不仅看旧小说，也爱看新小说。有一次，许钦文发表了一篇关于工人故事的小说，碰巧他第二天去看鲁迅，老太太就在门口拦住许钦文："你写的那个工人，后来怎么了呢？"有趣的是，母亲并不喜欢儿子写的小说。有一回，她特意找来鲁迅的小说，读完之后对鲁迅说："他们都说你的小说写得好，我看不怎么样嘛。"跟那时候的普通市民读者类似，鲁迅母亲也喜欢看鸳鸯蝴蝶派的作品。要知道，鲁迅对鸳鸯蝴蝶派的小说根本不感兴趣，他还在杂文中讽刺过这类作品。然而，老妈喜欢就得买。鲁迅在上海时不止一次买来张恨水、程瞻庐的小说寄给母亲。如《海上花列传》《啼笑因缘》《金粉世家》《美人恩》等。有的亲自带给母亲，有的托朋友带去，有的直接寄去。又怕母亲担心花钱太多，还特意在信里说明："张恨水的小说，定价虽贵，但托熟人去买，可打对折，其实是不贵的。即如此次所寄五种，一看好像要二十元，实则连邮费不过十元而已。"真可谓用心良苦。

海婴出生后，鲁迅知道母亲挂念孙子，于是他在每封家书里都会以较多的篇幅谈及海婴的情况：海婴出疹子了，海婴种痘了，海婴的饭量是不是大了，海婴是不是很淘气，海婴是不是长高了，海婴是胖了还是瘦了，海婴换牙了，海婴的新牙长出来了，海婴认得多少字了，海婴喜欢什么玩具……就这样把海婴身上的每一点变化告诉母亲。不厌其烦，甚至有些婆婆妈妈。后来，海婴以第一名的成绩从幼稚园毕业，鲁迅自然忘不了向母亲汇报，临了还来上一句“山中无好汉，猢狲称霸王”。看看这语气，既谦虚又骄傲。不仅写信，鲁迅还不止一次把海婴的照片寄给母亲，有时候还让海婴跟奶奶说几句话，由许广平写上。

1932 年 11 月，鲁迅第二次回北京探亲，母亲明显比以前更加衰老了。她跟鲁迅谈的，大都是二三十年前跟邻居之间的家长里短，这些内容鲁迅当然不感兴趣，但也耐心听老人家的絮叨。这一切，只有一个目的，让母亲高兴。

病则致其忧

《论语》有这样的记载：“孟武伯问孝。子曰：‘父母唯其疾之忧。’”“父母唯其疾之忧”，历来有两种解释，一种认为孝子唯当以父母之疾病为忧，其他不宜过分操心；还有一种解释认为，让你的父母只担心你的疾病。也就是说，要么只担心父母的疾病，要么让父母只担心你的疾病。无论用哪种解释来衡量，鲁迅的所作所为都堪称典范。

先说担心父母的疾病。在他的《<呐喊>自序》中，我们看到，父亲一病不起之后，为了替母亲分忧，年少的鲁迅在三四年的时间里，出入当铺和药店：“总之是药店的柜台正和我一样高，质铺的是比我高一倍，我从一倍高的柜台外送上衣服或首饰去，在侮蔑里接了钱，再到一样高的柜台上给我久病的父亲去买药。”年少的鲁迅早早地肩负起家庭的重担，也早早地尝尽了人间冷暖，看透了世态炎凉。

在回忆性散文《父亲的病》中，鲁迅回顾了为父亲治病的过程。为了凑齐药引，他不得不到河边挖芦根，不得不用两三天的时间搜寻那种“经霜三年的甘蔗”，不得不去百草园捉那种成对的原配的蟋蟀……药引中有一味叫“平地木”，“这可谁也不知道是什么东西了，问药店，问乡下人，问卖草药的，问老年人，问读书人，问木匠，都只是摇摇头”。你可以想见少年鲁迅问遍了所有人时那心急如焚的样子。最后还是一个喜欢养花种草的远房叔祖告诉他啥叫“平地木”。然而神奇的药引也依然救不了父亲的命，在缠绵病榻数年后，父亲还是一步步走向死亡。

父亲去世的那天早上，邻居衍太太催着鲁迅不住声地叫“父亲”。

“‘叫呀，你父亲要断气了。快叫呀!’衍太太说。

“‘父亲! 父亲!’我就叫起来。

“‘大声! 他听不见。还不快叫?!’

“‘父亲! 父亲!!’

“他已经平静下去的脸，忽然紧张了，将眼微微一睁，仿佛有一些苦痛。

“‘叫呀! 快叫呀!’她催促说。

“‘父亲!!’

“‘什么呢? ……。不要嚷……。不……。’他低低地说，又较急地喘着气，好一会，这才复了原状，平静下去了。

“‘父亲!!’我还叫他，一直到他咽了气。

“我现在还听到那时的自己的这声音，每听到时，就觉得这却是我对于父亲的最大的错处。”

这也许是鲁迅一生中最刻骨铭心的惨痛经历，那一年，他只有15岁。

鲁迅在文中沉痛地写道：“中西的思想确乎有一点不同。

听说中国的孝子们，一到将要‘罪孽深重祸延父母’的时候，就买几斤人参，煎汤灌下去，希望父母多喘几天气，即使半天也好。我的一位教医学的先生却教给我医生的职务道：可医的应该给他医治，不可医的应该给他死得没有痛苦。”猜猜看，如果鲁迅活在今天，他会不会提议为“安乐死”立法？

说完了父亲，再说母亲。

在北京时，母亲生病，鲁迅总是请日本医生为其诊视。鲁迅定居上海后，1929 年和 1932 年，母亲两次生病，鲁迅均赴京探望。到北京后，亲自请医，亲自取药，等到母亲病愈了才回上海。尤其是 1932 年那一次，52 岁的鲁迅为母亲陪床。因为母亲吃了泻药，晚上可能起来，需要人扶持，但老太太不肯叫人，家人只好轮流值班看护，鲁迅就一直陪到凌晨三点。

在平日的家信中，鲁迅更是无数次地牵挂着母亲的健康。

“大人（母亲）的胃病，近来不知如何，万乞千万小心调养为要。”

“大人胃病初愈，尚无力气，尚希加意静养为要。”

“大人牙痛，不知已否痊愈，至以为念。牙既作痛，恐怕就要摇动，一摇动，即易于拔去，故男以为俟稍凉似可与一向看惯之牙医生一商量，倘他说可保无痛，则不如拔去。另装全口假牙，不便也不过一二十天，用惯之后，即与真牙无异矣。”

“大人牙已拔去，又并不痛，甚好，其实时时要痛，原不如拔去为佳，唯此后食物，务乞多吃柔软之物，以免胃不消化为要。”

“得来示，知大人亦患伤风，现已痊愈，甚慰。”

像这样关切的句子在家书中比比皆是。

听说北京刮大风，他也会写信问候：“上海报载廿六日起，北平大风，未知寓中如何，甚以为念。”

听说北京发生战事，有一枚炮弹落在母亲住地附近，鲁迅十分关切："此地离我家不远，幸未爆炸，否则虽决不至于波及，然必闻其声矣。次日即平，大人亦未受惊，闻之甚慰。"

连后园该不该种树这样的事情也在家信的讨论之列："后园之树，想起来亦无甚可种，因为地土原系炉灰所填，所以不合于种树。白杨易于种植，尚且不能保存，似乎可以不必补种了。"

再说只让父母担心自己的病。长期的劳作，没有规律的生活方式，使鲁迅健康状况一直欠佳，去上海后，更是百病缠身。这在家信中不能不提及。

虽然在信中也经常谈及自己最近得了什么病，但往往是告诉母亲病已经好了或者好得差不多了。作为社会名人，鲁迅的病情也会成为"狗仔队"争相报道的材料。这里面难免就有捕风捉影的成分，鲁迅倒也无所谓，但是让母亲担心就不是那么回事了，于是他就不得不写信回家澄清事实，安慰母亲。

"近闻天津报上，有登男生脑炎症者，全系谣言，请勿念为要。"

"男所生的病，报上虽说是神经衰弱，其实不是，而是肺病，且已生了二三十年……男自己也不喜欢多讲，令人担心，所以很少人知道。"

"肺病是不会断根的病，痊愈也不能的，但四十以上的人，却无性命危险，况且一发即医，不要紧的，请放心为要。"

总之，他是不想让母亲担心。

1931年，柔石、白莽等五位"左联"青年作家被捕之后，有传言说鲁迅也在被搜捕之列。母亲在北京急得生了病，鲁迅在逃难中，写下了著名的诗句："梦里依稀慈母泪，城头变幻大王旗。"并在家信中告诉母亲自己一切都好，让老人家不必牵挂。

1936年9月22日，在写给母亲的最后一封信中，鲁迅还在宽慰母亲：“男近日情形，比先前又好一点，脸上的样子，已经恢复了病前的状态了。”其实，那时的鲁迅已经病入膏肓了。到10月19日，距给母亲的这封信还不到一个月的时间，鲁迅就在上海病逝了。母亲接到同乡宋紫佩送去的鲁迅病逝的电报，虽悲痛万分，但很能控制自己的感情，只是脸色阴沉，待送走宋紫佩后便号啕大哭，边哭边说：“我不能累宋先生难受。”何等坚忍的母亲！

鲁迅逝世三天后，孙伏园等人特地赶到西三条胡同去慰问鲁迅的母亲，以为她已悲哀得止不住哭泣。可出乎他们意料的是，她并没有哭，而是显得很安定的样子。孙伏园等还以为她没有得到噩耗。“太师母！”孙伏园戚然说，“大先生，他，他已经——”“我已经知道，老大，他！唉！论寿，五十六岁也不算短了；只是我的寿太长了些，譬如我去年死了，今年不是甚么也不知道了么？不过，也好，我总算可以放心了，老大是在他自己住的房间里过去的，我不用再替他担心了！”

鲁迅病逝后，母亲尽力搜集各种报纸的报道，堆满了半床，她也许是用这种方式表达对这个“最心爱的儿子”的哀思吧。当看到各方面人士对儿子普遍的悼念，真诚的爱戴，她自慰自解地说：“还好，这样子，儿子死得不太冤枉。”

怜子如何不丈夫

——慈父鲁迅

鲁迅的父亲观

鲁迅虽然直到 49 岁才因儿子周海婴的出生而当上父亲，但他对于如何做父亲却素有研究。早在 1919 年，他就写下了著名的杂文《我们现在怎样做父亲》。这是一篇批判封建伦理思想的战斗檄文，文中的许多观点至今仍振聋发聩："父母对于子女，应该健全的产生，尽力的教育，完全的解放。""先从觉醒的人开手，各自解放了自己的孩子。自己背着因袭的重担，肩住了黑暗的闸门，放他们到宽阔光明的地方去；此后幸福的度日，合理的做人。"

作为一个启蒙思想家，鲁迅始终关心儿童的命运。他说："童年的情形，便是将来的命运。""看十来岁的孩子，便可以预料二十年后中国的情形。"在他的第一篇白话小说《狂人日记》中，鲁迅曾大声疾呼："救救孩子！"在《我们怎样教育儿童的?》一文中，他希望人们重视儿童教科书的编写，也希望有人对此做专门的研究："倘有人作一部历史，将中国历来教育儿童的方法，用书，作一个明确的记录，给人明白我们的古人以至我们，是怎样的被熏陶下来的，则其功德，当不在禹下。"他不光说说而已，而且还身体力行。1935 年，鲁迅翻译了中篇童话《表》，在"译者的话"中，他认为中国当时的儿童读物"依然是司马温公敲水缸，依然是岳武穆王脊梁上刺字；甚而至于'仙人下棋'，'山中方七日，世上已千年'；还有《龙文鞭影》里的故事的白话译"之类，对于儿童是不会"有益"和"有味"的。在翻译中，他力求"不用什么难字，给十岁上下的孩子们也可以看"。

在北京期间，鲁迅自己并没有孩子，但他的两个弟弟都已经有孩子了。他特意购买了八道湾那所带着大院子的住处，就是考虑让自己的侄子们有个玩耍的地方。1920 年 5 月，周建人的儿子周沛得了肺炎，鲁迅连夜为他请大夫诊治，并于次日把孩子送往同仁医院。在随后的半个多月住院期间，鲁迅几乎天天去医院探望，或者干脆晚上就住在医院。在北京砖塔胡同住的时候，鲁迅曾教过邻居的小女孩怎样种芋头，有时候买了积木送给邻居的小姐妹，还经常买糖果和点心给她们吃。如果朋友带着孩子来访，他也总是格外照顾小朋友的感受，想方设法给孩子送个小礼物。

在鲁迅看来，很多中国男人做父亲都不合格："中国现在，正须父范学堂……因为我们中国所多的是孩子之父；所以以后是只要'人'之父！"那么轮到他自己做父亲了，他是不是合格呢？

海婴降临

鲁迅一生居无定所，生活很不安定，又经常面对危险，因此本来不打算要孩子，以免除“后顾之忧”。他说：“斯宾塞未曾结婚，不闻他侘傺无聊；瓦特早没有了子女，也居然‘寿终正寝’。”由于长时间没有孩子，那些攻击鲁迅的人就说，这是他做人不好的报应，要“绝种”了。在 1929 年 9 月，儿子周海婴“意外降临”，鲁迅居然当父亲了！

当初怀孕时，鲁迅还曾经跟许广平商量该不该生下这个孩子，最后还是决定保留下来。由于许广平已经 32 岁，生产的时候很困难，经过一天多的时间孩子才得以降生。当时，医生问鲁迅是保留大人还是保留孩子，鲁迅毫不犹豫地说：“留大人。”而当得知许广平产下的是一个男孩时，鲁迅欣慰而又诙谐地说：“是男的，怪不得这样可恶。”顺便说一下，鲁迅的生日是 9 月 25 日，海婴的生日是 9 月 27 日，父子之间生日仅隔一天，也算巧合。

在海婴出生的当天中午，鲁迅就写信给朋友报平安：“广平于九月廿六日午后三时腹痛，即入福民医院，至次日晨八时生一男孩。大约因年龄关系，而阵痛又不逐渐加强，故分娩颇慢。幸医生颇熟手，故母子均极安好。”其兴奋之情溢于言表。就鲁迅本人而言，他是希望生个儿子的。对此他有自己的“高见”：“此非重男轻女，只因为自己是男人，略有党见，所以同性增加，甚所愿也。”

看着刚出生的儿子，鲁迅深情地自言自语：“真像我。”但马上又补充更正说：“我没有他漂亮。”当初，萧伯纳见到鲁迅时夸他好看：“人家说你是中国的高尔基，我看你比高尔基漂亮！”鲁迅说：“我更老时，将更漂亮！”这回是夸儿子比自己更漂亮，鲁迅可难得这么低调。

孩子出生，第一件事就是要取个名字。大名呢，叫“海婴”。鲁迅解释，这倒也没有什么深意，因为是在上海出生的，是个婴儿。当初起这个名字是因为不会有重名的，再说，孩子大了如果不喜欢可以再改。鲁迅自己的“树人”这个名字不就是自己后来改的吗。大名之外还有乳名。许广平喜欢叫鲁迅“小白象”，鲁迅觉得总不能叫孩子“小小白象”吧，便给孩子起了个乳名“小红象”，这自然也算是“稀有品种”了。鲁迅哄孩子睡觉的时候，就唱他自编的催眠曲：“小红，小象，小红象。小象，红红，小象红。小象，小红，小红象。小红，小象，小红红。”平时他们也叫海婴“狗屁”。有一次，鲁迅跟许广平闹别扭，独自躺在阳台上，许广平束手无策。海婴觉得这样很好玩，也挤进去躺在他身边，鲁迅哼了一声“小狗屁”，怒气一下子烟消云散，爬起身来，下楼吃饭去了。鲁迅去北京看望母亲期间，许广平在写给他的信中提到海婴更是“狗屁”长“狗屁”短的。后来，鲁迅在回信中嘱咐许广平，母亲反对叫孩子“狗屁”。这既是对母亲的尊重，也是对孩子的尊重吧。另外，鲁迅常叫许广平“乖姑”，因此也经常叫海婴“小乖姑”。1935 年，6 岁的海婴从幼稚园回家，不满自己的名字婴字下面有个“女”字，强烈要求爸爸给改掉，当然，这是后话了。

从喜悦到“发愁”

孩子出生后，医生建议请奶妈，鲁迅却不同意，执意要自己照料。夫妻俩头一回做父母，自然没有经验，大冷天给孩子洗澡，控制不好水温，结果孩子得了感冒。鲁迅只好花钱请护士定期来家中给孩子洗澡。后来护士说，你们可以自己给他洗了，鲁迅敬谢不敏，说：“再得了感冒又得花钱，还是我多写几篇稿子吧。”

鲁迅几乎不打孩子，要是打的时候，往往用报纸卷成一个筒，打在屁股上，当然不疼了。开始孩子还有点儿怕，当知道是怎么回事后，也就不在乎了。时间长了，海婴不但不怕鲁迅，而且常常直接挑战鲁迅的权威。有一回，海婴对鲁迅说："我做起爸爸来，还要好……"有时候干脆直接批评："这种爸爸，什么爸爸?"鲁迅象征性地打他，他都不愿意："我做爸爸的时候，不要打儿子的，……我会好好教他，还买东西给他吃。"对此，鲁迅不但不恼，还颇为自豪地说："他健康，活泼，顽皮，毫没有被压迫得瘟头瘟脑。如果真的是一个'什么爸爸'，他还敢当面发这样反动的宣言么?"一句话，既夸了儿子，又表扬了自己。

这么说来，鲁迅对孩子是有些娇惯，当然，这也与他所标举的儿童教育思想是一致的。他认为："中国中流的家庭，教孩子大抵只有两种法。其一，是任其跋扈，一点也不管，骂人固可，打人亦无不可，在门内或门前是暴主，是霸王，但到外面，便如失了网的蜘蛛一般，立刻毫无能力。其二，是终日给以冷遇或呵斥，甚于打扑，使他畏葸退缩，仿佛一个奴才，一个傀儡，然而父母却美其名曰'听话'，自以为是教育的成功，待到他们外面来，则如暂出樊笼的小禽，他决不会飞鸣，也不会跳跃。""顽劣，钝滞，都足以使人没落，灭亡。"于是，他对孩子是采取既疼爱又管束，既关怀又尊重的态度。

鲁迅主张让儿童的个性自由发展，所以海婴才能养成活泼的性格。性格一活泼，则到处捣乱、闯祸，也就在所难免了。

海婴在家里捣乱，有时候会把玩具拆开弄乱。他们家有一个专门装玩具的木柜，海婴的玩具不仅数量多而且档次颇高。有史沫特莱赠送的玩具汽车，有瞿秋白夫妇赠送的很高级的"积铁成象"，就是那种铁制成的可搭成各种形象的玩具。有一段时间，海婴看上了邻居家的留声机，非要鲁迅给他买一台。鲁迅其实是很讨厌留声机的，它的声响会打断他的思路。然而，为了孩子，他还是买了。鲁迅在日记里写道："为海婴买留声机一具，二十二元。"这已经超过当时一个工人一个月的收入了。这台留声机被海婴拆了又装，装了又拆，激发了他对电子设备的研究兴趣。后来，周海婴成为一名无线电专家，应该与童年时经常摆弄这台留声机有关。他们家里养了一只小老鼠，有一次海婴居然用蜡烛将老鼠的后腿给烧坏了，真让鲁迅大感头疼。

不仅在家里捣乱，海婴还"常出门外与一切人捣乱，不问大小，都去冲突"。有时候，许广平带着海婴去看电影，小孩子看不懂电影，只知道在座位间跑来跑去，回到家里还兴奋得要命，不肯脱鞋睡觉，扬言要等明天再去看电影。有时候，他还自己躺在鲁迅的躺椅上有板有眼地"装爸爸"。

当时上海租界既有中国孩子也有日本孩子，若都站着不动，中国孩子和日本孩子是很难区分的。然而孩子是活动的个体，"温文尔雅，不大言笑，不大动弹的，是中国孩子；健壮活泼，不怕生人，大叫大跳的，是日本孩子"。由于海婴健康活泼，往往被误认为日本孩子，有时候居然会因此而吃亏。九一八事变后，海婴就被同胞骂了好几回，还挨过一次打，真让人啼笑皆非。

针对中日孩子在性格上表现出来的差异，鲁迅颇有感慨："驯良之类并不是恶德。但发展开去，对一切事无不驯良，却绝不是美德，也许简直倒是没出息。"这也正是他听任海婴自由发展的原因吧。

作为那个时代的"独生子女"，年幼的海婴也时常抱怨，说没有兄弟姊妹，爸妈只生他一个，冷清得很。因此，每当家里有客人来，他就会"人来疯"，兴奋得不得了。1936 年，周建人的大女儿周鞠子从北京到上海，住在鲁迅家里。小家伙高兴坏了，每天黏缠着这个比他整整大 12 岁的堂姐。用鲁迅的话说，“实在也讨厌之至”。

总之，海婴格外活泼，或者说格外淘气，难得有片刻的安静，鲁迅经常被他闹得无法安心看书。有一次，鲁迅在给母亲的信中说：“海婴是够活泼的了，他在家里每天总要闯一两场祸，阴历年底，幼稚园要放两礼拜假，家里的人都在发愁。”这就可见海婴在家里“烧包”的程度了。鲁迅在给茅盾的信中也说：“从下星期一起，敝少爷之幼稚园放假两星期，全家已在发愁矣。”看上去，鲁迅是到处诉苦，实际上言语之中透着得意。被孩子闹得“发愁”，也算是一种乐趣吧。

父子之间

当然，海婴也有不捣乱的时候，帮鲁迅捡“炮弹”就是个例子。鲁迅习惯于深夜写作，这时候常有几只猫在对面人家楼顶的平台上“谈恋爱”，哇呜哇呜地叫个不停。鲁迅的文思常被打断，忍无可忍，就拿起桌子上的铁皮烟罐向外扔去，当啷啷，当啷啷。炮弹发射完了，猫们被暂时驱散了，海婴也睡意全无，高高兴兴地下楼到天井里，把扔到地上的那几只凹凸不平的铁罐捡回来，以备鲁迅下次再用。你扔我捡，父子之间有着一种难得的默契。

鲁迅重病期间，海婴遵照母亲的嘱咐，每天早上从楼上下来总是蹑手蹑脚，不敢大声说话。他自知对鲁迅的身体健康帮不上什么忙，但总想做点儿什么，让父亲一展愁容。于是轻轻地来到父亲床头，“从烟盒里抽出一支香烟，细心地插进被熏得又焦又黄的烟嘴里面，放到他醒来以后伸手就能拿到的地方，然后悄然离去”。这些动作十分轻捷，没有一点儿声响。

每天晚上海婴临睡前，都会对鲁迅说一句："明朝见。"谁说7岁的孩子不懂事？

鲁迅常带海婴逛书店，在日本人内山完造开的书店里，大都是洋装的外文书，那时海婴年龄太小，全看不懂。他到书店其实不看书，只是玩。每次来到书店以后，海婴总要爬上高梯，居高临下，俯视一切，一派自鸣得意的样子。这也从来没有遭到过鲁迅的呵斥，直到鲁迅要起身回家的时候，才招呼他下来，拉着他的手一起回家。有一次，鲁迅和许广平带海婴到一家旧书店。海婴兴高采烈地挑选了几本，想让父亲买回家去。谁知还没等他开口，鲁迅就露出一副极不高兴的样子，放下手中正在浏览的书，让许广平领着海婴，和他一起离开了这家书店，连自己已经挑好的书，也不买了。鲁迅后来说，旧书太脏，有的是病人看过的，小孩子抵抗力弱，怕他因此得了传染病。至于海婴想看的书，他答应以后再给买。不久，鲁迅托周建人给海婴订购了一套商务印书馆出版的《儿童文库》。

有一回，鲁迅和许广平去看马戏表演，没带海婴。海婴万分沮丧，在家里号啕大哭。鲁迅回来后，和善而耐心地跟儿子解释：因为都是些猛兽表演，又是晚上，怕吓着他，所以没带他去。并且答应另找机会，白天陪他看一次。后来选了一个下午，夫妇俩果然带着海婴又去看了一回，当然只是看到了笼子里关着的各种动物，并没有什么吓人的猛兽表演。心细如发，言而有信，鲁迅算不算好父亲？

还有一回，鲁迅带着海婴在街上买了个竹筒做的，摇起来咯咯响的简易机关枪玩具，父子俩边走边玩。老夫聊发少年狂，50多岁的老头跟他5岁的儿子一起鼓捣玩具，乐此不疲。

鲁迅和许广平还带着海婴去日本人俱乐部看过画展。不知道5岁的孩子能不能看懂这样的画展，但鲁迅对孩子早期教育的重视可见一斑。

1932 年，鲁迅回北京探望母亲，看到母亲把海婴的照片放在床头，来人就拿出来给人家看，而把周作人孩子的照片挂在墙上，心中颇有些醋意："为什么不把海婴的照片也挂在墙上啊。"后来，他写信告诉许广平，认为这也许是老太太的一种"外交手段"，心中也就释然了。你瞧，在孩子的问题上，鲁迅是不是还有点儿"小心眼"？

据周海婴回忆，就在鲁迅去世前两天，他在放学路上，分明听到空中有一个声音对自己说："你爸爸要死啦！"他"大为惊讶，急忙环顾四周，附近并没有什么人"。这件事听上去有些不可思议，然而似乎也可以解释他们父子之间的神奇的联系。

有一段时间，海婴膝盖上长了个疮，经常流血不止，学过医的鲁迅亲自给他调制药粉，治疗伤口。周海婴在他的回忆录《鲁迅与我七十年》一书中深情地写道："几十年的时间，像流水一样逝去，但是父亲弯下身，细心地给我敷药的情景，至今犹在眼前。'怜子如何不丈夫'，这是他的名言，也是对自己的写照。"

有弟偏教各别离

——大哥鲁迅

鲁迅在家是长子，他有两个弟弟，周作人与周建人。其实，鲁迅还另有一对夭折的妹妹和弟弟，端姑与椿寿。1888年，妹妹端姑不到1岁就夭折了。1893年，祖父因为科场案发，被关进杭州的监牢，生死未卜。全家为保祖父，变卖家产。祸不单行，1894年，父亲又一病不起，为给父亲筹钱治病，家庭的重担早早地落在鲁迅稚嫩的肩上。父亲去世后，年轻的鲁迅跟母亲一道苦苦支撑这个家庭。鲁迅18岁那年，年仅6岁的四弟椿寿又夭折了，他承担了料理整个丧事的责任。

生活的磨难，家庭的变故，让鲁迅体会到长子在一个家庭中意味着什么。也许正是因为妹妹端姑与弟弟椿寿的先后辞世，才使得兄弟三人感受到深挚的手足之情，也让鲁迅多了一份做大哥的责任。

鲁迅写于1898年的《戛剑生杂记》，表达了他对家的思念和对亲情的眷恋："行人於斜日将堕之时，暝色逼人，四顾满目非故乡之人，细聆满耳皆异乡之语，一念及家乡万里，老亲弱弟必时时相语，谓今当至某处矣，此时真觉柔肠欲断，涕不可仰。故予有句云：日暮客愁集，烟深人语喧。皆所身历，非托诸空言也。”字里行间蕴含了浓郁的离情别绪。

更能体现兄弟情义的，是他与周作人之间的诗歌唱和。1900 年，鲁迅在南京矿路学堂求学期间写了《别诸弟三首》。

其一

谋生无奈日奔驰，有弟偏教各别离。

最是令人凄绝处，孤檠长夜雨来时。

其二

还家未久又离家，日暮新愁分外加。

夹道万株杨柳树，望中都化断肠花。

其三

从来一别又经年，万里长风送客船。

我有一言应记取，文章得失不由天。

1901 年 3 月 15 日，鲁迅寒假结束，离开绍兴回南京上学，周作人为他送行，并在当天的日记里写道：“余送大哥至舟，执手言别，中心黯然。”周作人随后写了三首诗，寄给鲁迅。其一曰：

一片征帆逐雁驰，江干烟树已离离。

苍茫独立增惆怅，却忆联床话雨时。

鲁迅收到信后，感慨万分，又作《别诸弟三首》，其一曰：

梦魂常向故乡驰，始信人间苦别离。

夜半倚床忆诸弟，残灯如豆月明时。

在诗后的跋中，鲁迅这样写道：“仲弟次予去春别元韵三章，即以送别，并索和。予每把笔，辄黯然而止。越十余日，客窗偶暇，潦草成句，即邮寄之。嗟乎！登楼陨涕，英雄未必忘家；执手消魂，兄弟竟居异地！深秋明月，照游子而更明；

寒夜怨笳，遇羁人而增怨。此情此景，盖未有不悄然以悲者矣。”

1901 年，周作人在鲁迅的鼓励下考取江南水师学堂。周作人到南京后，正值鲁迅从矿路学堂毕业，准备东渡日本。兄弟二人经常在南京各地游玩，晚上则在一起看书，有时会读书看报直到午夜时分。

1902 年 6 月 8 日，鲁迅到日本后不久，就在给周作人的信中寄去三张照片，让他分赠家人。其中给周作人的一张，背面有这样的题词：“会稽山下之平民，日出国中之游子。弘文学院之制服，铃木真一之摄影。二十余龄之青年，四月中旬之吉日。走五千余里之邮筒，达星杓仲弟之英盼。兄树人顿首。”连用八个“之”字，字里行间是怎样的幽默与自信。也许，在鲁迅心中，一直视二弟周作人为他的知己吧。

鲁迅留日期间，他与周作人之间的书信往来十分频繁，鲁迅在信中常常寄去自己写的诗文，或者寄给周作人大量的书报、杂志，让他开阔视野。后来周作人萌生了从水师学堂退学的念头，鲁迅及时写信叮嘱他一定要坚持学习，不要退学。1903 年 3 月 9 日的信中，鲁迅还嘱咐周作人在水师学堂毕业后，争取赴日留学。

1906 年，鲁迅奉母命回国与朱安结婚，正巧周作人已被批准赴日留学，鲁迅在家仅待了四天，随后就带着周作人东渡日本了。当时鲁迅已经决定弃医从文，1907 年，他与周作人、许寿裳等一起创办文艺杂志《新生》，《新生》虽然最后因为种种原因没能出版，但这毕竟是两人志同道合进行合作的开端。在日本，兄弟俩更是联手翻译并出版了两本《域外小说集》，虽然这两本书语言过于生涩，几乎没什么销量，但这毕竟是两人亲密合作的见证。

1909年，由于周作人在日本与羽太信子结婚，生活负担较重，而母亲和朱安在家中生活困难，鲁迅不得不结束在日本的生活，提前回国。他在1930年写的“小传”中说：“终于，因为我底（的）母亲和几个别的人很希望我有经济上的帮助，我便回到中国来。”这里“几个别的人”，就包括周作人和羽太信子。

在这里，我们看到了一个任劳任怨、有情义、有担当的大哥。

鲁迅一个人在北京工作期间，与周作人之间的通信更加频繁。这些信双方都有编号，短短几年时间，每人都写了300多封。每月发薪后，鲁迅都会往家里寄去大笔的钱。鲁迅除了负担全家生活的大部分费用，连周作人妻子羽太信子的家庭，他也时常接济。鲁迅说：“让别人过得舒服些，自己没有幸福不要紧，看到别人得到幸福生活也是舒服的。”

为了给周作人找工作，自1917年2月起，鲁迅就开始忙活。后来经向北大校长蔡元培推荐成功后，遂于3月7日寄给周作人路费60元。4月1日，周作人从绍兴来到北京，鲁迅将所住补树书屋南头的一间房让出来供他居住，而把北头那间阴暗的房子留给自己。周作人后来回忆说，抵京后，他受到鲁迅亲切、热情的关怀。

同年5月8日，周作人高烧不退，经德国医院医生格林诊断为麻疹。由于成年人得麻疹是相当危险的，鲁迅十分紧张，专门于5月16日又请德国医生狄博尔为其复诊。狄博尔是当时北京最具权威的外国医生，由此可以看出鲁迅对周作人病情的重视。周作人住院期间，鲁迅专门请了假在医院陪伴看护。这些情节，鲁迅后来在小说《弟兄》中有所表现。

也许是因为排行的关系，在对大家庭的责任感方面鲁迅显然比周作人要强得多。这从购置八道湾住所上不难看出。

由于在绍兴老家的房子为族人所迫，不得不卖掉，鲁迅便只好为举家迁京做准备。他自 1919 年 2 月起就在各处看房子，最后终于选定了新街口八道湾罗氏屋。之所以选定这里，是“取其空地很宽大，宜于儿童游玩”。当时周作人、周建人都已经有孩子了。大哥的考虑何等周到！为此，他向好友借了很多钱。1919 年春节一过，鲁迅便为搬迁之事奔忙。而周作人却于这年 3 月 30 日由北大请假返回绍兴，4 月 20 日，又由绍兴携其家小赴日本游览。当鲁迅为修整八道湾新居辛劳之际，周作人虽也在北京，但不久又“启行向东京”，接其家小。从头至尾，里里外外，全是鲁迅一个人在忙活。在这个过程中，我们似乎看不到二弟周作人的身影，我们也看不到鲁迅对此有一句怨言。

在八道湾的大家庭生活，鲁迅一如既往地任劳任怨。家庭财政主要由周作人的妻子羽太信子负责，鲁迅每月发了工资，除了留下买烟的钱，其余悉数交给这位二弟媳妇。

1920 年 5 月，侄子周沛生病住院，近两个月的时间，鲁迅几乎天天往医院，或者“夜住医院”。1921 年，周作人生病，鲁迅亲自在西山碧云寺为他租屋疗养。在周作人西山养病期间，鲁迅与他保持着密切的书信联系，不断向他汇报家里的事，汇报孩子的情况："姊姊（周作人女儿周静子）昨日已托山本检查，据云无病，其所以瘦者，因正在'长起来'之故，今日已又往校矣。""芳子殿今日上午已出院；土步君已断乳，竟亦不吵闹，此公亦一英雄也。"称自己的侄女为"殿（下）"，称侄子为"君"、为"公"，调侃中可见对孩子的喜爱。尽管那时自己没有孩子，但兄弟的孩子就是自己的孩子，时刻牵着鲁迅的心。在外人看来，这是何等和睦的一个大家庭。

然而，1923 年 7 月，情况却急转直下。先是 7 月 14 日，鲁迅和周作人的妻子羽太信子发生了一次严重的冲突，冲突的原因是什么，至今仍是个谜。鲁迅在这一天的日记里仅仅写了一句话："是夜始改在自室吃饭，自具一肴，此可记也。"7 月 18 日，周作人给鲁迅送来了一封绝交信。

鲁迅先生：

我昨日才知道，——但过去的事不必再说了。我不是基督徒，却幸而尚能担受得起，也不想责难，——大家都是可怜的人间。我以前的蔷薇的梦原来都是虚幻，现在所见的或者才是真的人生。我想订正我的思想，重新入新的生活。以后请不要再到后边院子里来，没有别的话。愿你安心，自重。

七月十八日，作人

从称呼到内容，透着让人窒息的冷漠与决绝，好像是一种绝大的忍耐与宽容，又似一种痛心至极的彻悟。冲突的原因是什么？当事人都不肯说，就连鲁迅的母亲也不知道，她曾对在八道湾借住的许羡苏说："大先生和二先生忽然闹起来了，也不知道是什么事情，头天还好好的，弟兄二人把书抱进抱出地商量写文章……”不久之后，鲁迅迁出了八道湾，搬到西城的砖塔胡同六十一号。后来他去八道湾取书，周作人甚至举起一个香炉要扔过来打他，可见他们之间的“仇恨”到底有多深。也许根本原因与家庭经济有关，羽太信子在生活中讲排场，花钱大手大脚。孩子有个头疼脑热，她都会打电话叫日本医生坐汽车上门就诊。鲁迅曾不止一次抱怨：“我这坐人力车挣来的钱，抵不上坐汽车花出去得多。”鲁迅也曾对郁达夫说过：“我对启明（周作人），总老规劝他的，教他用钱应该节省一点，我们不得不想想将来，但他对于经济，总是进一个花一个的，尤其是他那位夫人。”为了增加家庭收入，鲁迅在北京多所高校代课，他的消费观念与弟媳羽太信子迥乎不同，矛盾日益激化。鲁迅后来用过一个笔名“宴之敖”，他自己解释：“‘宴’从宀（家），从日，从女；‘敖’从出，从放。也就是说，我是被家里的日本女人逐出的。”可见，鲁迅与这位日本弟媳之间的矛盾到底有多深。

鲁迅与周作人兄弟失和，往小处说，这是两人生活中的不幸事件，影响了两人的人生走向；往大处说，这是 20 世纪中国文化的一大损失。

如果两人没有决裂，兄弟携手在文化上又该有多少辉煌的创造呢？

曹聚仁在《鲁迅评传》中则说：“周作人和鲁迅晚年分道扬镳，兄弟之间，也不免在字里行间，有所讥刺，那当然是周作人的损失。”

1927 年 11 月，奉系军阀查禁了北京《语丝》杂志社，杂志作者纷纷避难，鲁迅在写给章廷谦的信中猜测“周启明盖在日本医院欤”，又说“他之在北，自不如来南之安全，但我对于此事，殊不敢赞一辞，因我觉八道湾之天威莫测，正不下于张作霖，倘一搭嘴，也许罪戾反而极重，好在他自有他之好友，当能互助耳”。表现了对周作人既关切又爱莫能助的矛盾心情。

1935 年，周作人发表了《五十自寿诗》。

其一

前世出家今在家，不将袍子换袈裟。
街头终日听谈鬼，窗下通年学画蛇。
老去无端玩骨董，闲来随分种胡麻。
旁人若问其中意，且到寒斋吃苦茶。

其二

半是儒家半释家，光头更不著袈裟。
中年意趣窗前草，外道生涯洞里蛇。
徒羡低头咬大蒜，未妨拍桌拾芝麻。
谈狐说鬼寻常事，只欠工夫吃讲茶。

此诗一出，既有人争做和诗，也有左翼作家为文对他加以嘲讽与批判。对此，鲁迅在致杨霁云的信中说：“周作人之诗，其实是还藏些对于现状的不平的，但太隐晦，已为一般读者所不瞭（明白）……”如果周作人听到这话，会不会说：“知我者，大哥也！”

鲁迅对周作人是这样，对比自己小 7 岁的三弟周建人也同样是关怀备至。从日本回国前，他曾寄给周建人《植物教科书》《野花时节》《植物生物故事》等三部英文书籍，鼓励周建人研究植物学和生物学。

1916 年 9 月，鲁迅还住在北京绍兴会馆，得知周建人要来北京，他精心裱糊房间，迎接三弟的到来。后来周建人来北京住了一个多月，直到 10 月 12 日才启程回乡。在京期间，鲁迅陪着他游览中央公园、武英殿及万生园，并多次陪他看电影、看戏。

1919 年，周建人随着大家庭迁居北京，到 1921 年，为寻求经济独立，他一个人到上海谋生。1927 年鲁迅也来到上海，兄弟之间互相照应。鲁迅每星期都会请周建人一家到家里聚餐，并为他代付两个孩子的学费。周建人一开始在商务印书馆工作，可是上海“一·二八”抗战之后，商务印书馆被战火焚毁，周建人面临失业的危险。鲁迅又一次次写信，托老朋友许寿裳帮忙为三弟留住工作。

1921 年，周建人翻译了波兰式曼斯奇的《犹太人》，周作人准备为他写一篇《译后附记》，却感到资料不足。鲁迅就为周作人摘译了凯拉绥克《斯拉夫文学史》第二卷第十七节《最新的波兰的散文》，专门为他提供资料。这件事，也反映了他们三人之间融洽的兄弟情谊。谁能想到，他们之间最终会是这样的结局。

鲁迅 19 岁时写下诗句“有弟偏教各别离”，也许是一语成谶吧。

人生得一知己足矣

——朋友鲁迅

也许是因为鲁迅学问过于广博，思想过于深刻，性格给人的印象过于深沉，他的朋友似乎不是很多，知己就更少。对此，鲁迅在写给曹聚仁的信中说："现在的许多论客，多说我会发脾气，其实我觉得自己倒是从来没有因为一点小事情，就成友成仇的人，我还不少几十年的老朋友，要点就在彼此略小节而取其大。"

一

在回忆性文集《朝花夕拾》中，鲁迅写到的唯一的朋友就是范爱农。范爱农（1883—1912），名肇基，字斯年，号爱农。浙江绍兴皇甫庄人，是清末革命团体光复会成员。

当初在日本，他与范爱农因为误解而彼此看不顺眼，后来在故乡绍兴，他们又成了无话不谈的朋友。他们一起喝酒，一起在酒后疯话连篇，一起兴奋地看光复的绍兴城，一起为办好师范学校尽职尽责……后来，不知是因为命运影响了性格，还是因为性格决定了命运，总之，范爱农穷困潦倒，走投无路，于1912年去世。在北京的鲁迅得知范爱农的死讯后，“夜间独坐在会馆里，十分悲凉”。他连续写下三首诗，悼念这位旧日朋友。鲁迅的小说《孤独者》和《在酒楼上》，主人公身上分明有范爱农的影子。1926年，在范爱农去世14年后，鲁迅又写下了他那篇著名的散文《范爱农》，字里行间浸透了对亡友深深的怀念。

在鲁迅的一生中，交往时间最长的朋友是许寿裳。许寿裳(1883—1948)，字季茀，号上遂，浙江绍兴人。自1902年秋到1927年夏，整整25年中，除了鲁迅在仙台、绍兴、厦门合计两年多的时间，以及许寿裳在南昌的三年外，他们“晨夕相见者近二十年，相知之深有如兄弟”。1927年两人自广州分别后，鲁迅蛰居上海，许寿裳奔走南北，两人相见虽稀，但音问不绝。

1902年秋，鲁迅去日本后半年，许寿裳也赴日留学。许寿裳到东京后的第一天就把辫子剪掉了。也许是受许寿裳的影响吧，鲁迅也剪掉了辫子，并因此成为他所在的江南班中第一个剪掉辫子的人。剪辫后，鲁迅特意来到许寿裳的自修室，许一见之下就高兴地说：“啊，壁垒一新！”在日本留学时，两人常在一起讨论中国历史，讨论国民性，讨论“完美的人性”。

回国后，他们在工作中互相提携，在与权贵的斗争中共同进退。1909年，许寿裳担任浙江两级师范学堂教务长，他向校长沈钧儒推荐鲁迅，一荐成功。鲁迅即刻从日本回国，在浙江两级师范学堂担任生理学、化学教员。后来，在反抗新校长夏震武的斗争中，两人与其他教员一起辞职，并最终逼迫夏震武下台，取得了斗争的胜利。

1912 年，教育部成立，许寿裳又向当时的教育部长蔡元培推荐鲁迅，蔡元培对鲁迅“久慕其名”，求之不得。从此，鲁迅开始在教育部任职。

1914 年，许寿裳长子许世瑛五岁时，许寿裳请鲁迅做儿子的开蒙先生。鲁迅教世瑛认了两个汉字：一个是“天”，一个是“人”。并在他的识字课本《文字蒙求》的封面上替许世瑛写上了名字。后来，许世瑛考入清华大学中文系，请教鲁迅应该看些什么书，鲁迅认真地给他列了一份包含 12 本书的书目。

1917 年，鲁迅第一次以“鲁迅”这个笔名在《新青年》上发表《狂人日记》。许寿裳尚在南昌，他读到《狂人日记》后，觉得很像周树人的手笔，而署名却是姓鲁，天下岂有第二个周树人乎？于是写信问鲁迅，鲁迅说，那正是“拙作”。许寿裳对鲁迅了解之深，由此可见一斑。

1918 年，许寿裳夫人病逝，鲁迅在信中谈及孩子的成长问题，提出了“孺子弱也，而失母则强”这一个著名的“另类”观点。1919 年，许寿裳的伯兄罹患半身不遂，鲁迅为他遍觅良医。

两人在教育部工作时，由于鲁迅被章士钊非法撤职，许寿裳跟鲁迅的另一位朋友齐寿山一起毅然辞职表示抗议，颇有义士之风。

1926 年后，鲁迅先后任教于厦门大学和广州中山大学。当时许寿裳处于失业状态，鲁迅每到一地都积极为他联系工作。后来终于为许寿裳争取了广州中山大学的教职，立刻写信邀他前来。许寿裳到广州后，鲁迅和他一起住在中山大学的“大钟楼”里。许寿裳安顿下来之后，鲁迅天天请他下馆子，每次都是鲁迅买单。许寿裳要付账，鲁迅坚持说先由他付过十次再说。如是者一连十几天。鲁迅在北京教育部做“单身汉”时，许寿裳隔三岔五地给他送炖鸡，送蒸鸭，鲁迅终于找到了报答的机会。后来，鲁迅从中山大学辞职，许寿裳也陪着他一同辞职。

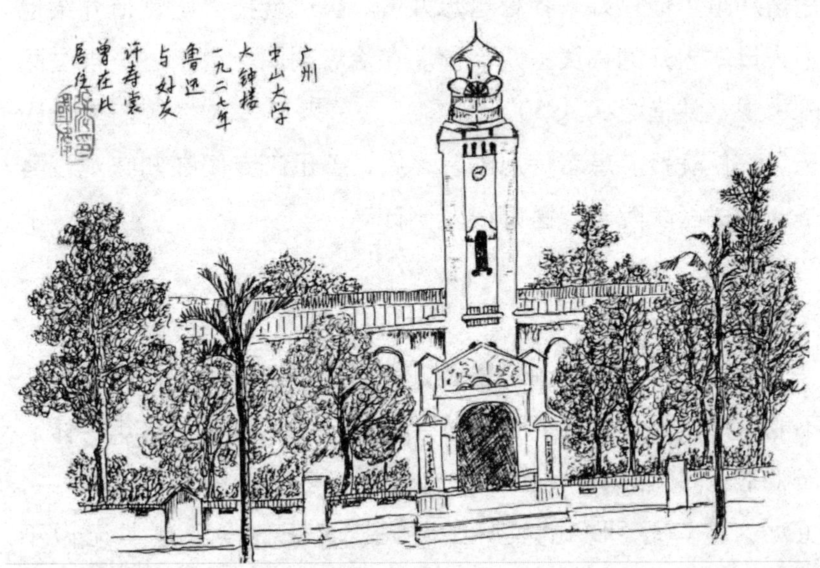

1933 年 6 月，中国民权保障同盟总干事杨杏佛被杀害，鲁迅决定冒着生命危险参加杨杏佛的入殓仪式。当时许寿裳正在上海，他再一次大义凛然地与鲁迅站在一起，共同出席入殓仪式。危难关头，更显出友情的可贵。

1934 年，许寿裳的三女儿许世玚得了扁桃腺炎，到上海请鲁迅帮忙介绍医生。鲁迅为此给远在北平的许寿裳写了三封信，不厌其烦地介绍病情，汇报治疗方案。其忠悃负责的态度，令人感动。

尽管鲁迅惜时如金，但每当朋友需要帮助时，他总是放下手中的工作，亲力亲为，竭诚相助。在上海时，许多朋友去日本医院就医，都是请鲁迅同去做翻译，鲁迅一般是来者不拒，有求必应。医院里本来有专门的翻译员，院方一看是自己带了翻译来的，便以为患者是个“大款”，于是趁机“宰上一刀”。后来朋友们才发现这样吃亏不少，一时间这便成了他们之间的笑谈。

有一次，老朋友张协和的次子生病，经几个医院诊断都说病情严重，他只好来找鲁迅想办法。鲁迅就托内山完造介绍他们去日本人开的福民医院治疗。在治疗期间，鲁迅还一再去医院探视，并借给病人50元作零用。后来又多次替他们垫付医药费、住院费。患者病愈出院之后，鲁迅又专门在知味观设宴答谢福民医院院长、医师以及会计等人。

二

许寿裳曾经这样评价鲁迅：“他的富于友爱，也是常人所不能及的，最肯帮人的忙，济人的急，尤其是对于青年，体贴无微不至。”因为工作关系，鲁迅有好多朋友都是年轻人。鲁迅对这些年轻朋友的关怀与体贴，真正称得上是“无微不至”。在这方面，鲁迅与韦素园、李霁野、柔石、陶元庆等人之间的交往就是很好的例子。

青年翻译家韦素园曾经常去北大“偷听”鲁迅讲课。1925年5月，他第一次见到鲁迅，鲁迅很欣赏这个年轻人，看他家境贫寒，生活困难，便把他推荐给徐旭生，请徐旭生帮忙把韦素园介绍给《民报》。韦素园因此很快便担任了《民报》副刊的编辑。在鲁迅的支持下，在韦素园的努力下，副刊办得有声有色，并扩大了发行量。可惜韦素园就职还不到一个月，《民报》便因触怒了奉系军阀张作霖而被查封。后来，韦素园贫病交加，患上了严重的肺结核，住进西山疗养院。1929年5月，鲁迅回北京探亲期间，专程前往西山疗养院探望韦素园。当天晚上，鲁迅在写给许广平的信中叙述了会见的情形，他说：

“感到他将终于死去——这是中国的一个损失——便觉得心脏一缩，暂时说不出话，然而也只得立刻装出欢笑，除了这几刹那之外，我们这回的聚谈是很愉快的。”鲁迅的烟瘾很大，几乎一刻也离不开烟，但他去看望韦素园时，几个钟头的时间硬是忍着没吸。韦素园几次让他吸烟，他都摇头说不吸了，为的是病人的健康。韦素园再三说不碍事，他才走出病房，站得远远的匆匆忙忙地吸了一根。

后来，鲁迅回忆说：“1929 年 5 月末，我足以为侥幸的是自己到西山病院去，和素园谈了天。他为了日光浴，皮肤被晒得很黑了，精神却并不委顿。我们和几个朋友都很高兴。但我在高兴中，又时时夹着悲哀。”据李霁野回忆，鲁迅“对于素园的一病不起，觉得深深的惋惜。他极愿见见素园”。“在几点钟的谈话中总保持着极欢快的态度。一面鼓励素园只看些不太吃力的书，手痒时才译点轻松的文章，一面敦劝他好好休养，把恢复健康看为最重要的事情。”鲁迅“连对我们也没有流露出他心里潜藏着的悲哀”。这次探视后，韦素园感到体力、精神越来越不好，治愈的希望不大，便嘱咐李霁野把自己翻译的《外套》精装一本，代题几个字赠送给鲁迅。1930 年 1 月 20 日，鲁迅得知韦素园病情加重，不顾个人生活窘急，立即函告北京，由家用中借李霁野 100 元，给韦素园治病。

1932 年 4 月，鲁迅偶然翻检藏书，又看到了这本《外套》，睹物思人，他在书中扉页上写下了这样一行字：“此素园病重时特装相赠者，岂自以为将去此世耶，悲夫！越二年余，发箧见此，追记之。”三个月后，韦素园与世长辞，年仅 31 岁。死讯传来，鲁迅万分痛苦，他亲自为韦素园手书碑文：“呜呼，宏才远志，厄于短年，文苑失英，明者永悼！”后来，鲁迅谈到韦素园还是无限伤感：“素园逝去，实足哀伤……忆前年曾以布面《外套》一本见赠，殆其时已有无常之感。今此书尚在行箧，览之黯然。”

1934 年 7 月，韦素园去世两周年之际，鲁迅又写下了《忆韦素园君》一文，表达了对逝者的无尽思念。

1926 年，他的学生兼朋友李霁野为了换取学费，想把自己所译的《黑假面人》卖出去。韦素园在寄给鲁迅的信中顺便提了一下，鲁迅怕李霁野吃亏，建议他们自己印了卖。他在回信中说：“《黑假面人》费了如许工夫，我想卖掉也不合算。……霁野寒假后不知需款若干？可通知我，我当于一月十日以前将此款寄出，二十左右便可到北京，作为借给他的，候《黑假面人》印成，卖去，除掉付印之本钱后，然后再以收来的钱还我就好了。”对此，李霁野自是感激不尽。10 年后，1936 年 4 月，李霁野在上海最后一次见到病重的鲁迅，他万分感慨地说：“我觉得我们不配有这样伟大的人。”

1931 年，鲁迅的另一位年轻的朋友柔石被捕。当时，有一种消息说可以用钱赎出来，鲁迅为此积极筹措资金。后来传来柔石等“左联”五烈士遇害的消息，鲁迅万分悲愤，写下了“忍看朋辈成新鬼，怒向刀丛觅小诗”这样的诗句。柔石等人遇害两年后，鲁迅又写下那篇脍炙人口的《为了忘却的纪念》，寄托哀思。柔石身后尚有年老的父母以及妻子和未成年的三个孩子，为了筹措遗孤教育费用，鲁迅慷慨解囊，一次捐赠 100 元。后来又寄去了 200 元。据柔石的妹妹赵文雄说，这笔钱“真是雪中送炭，一片真情”。

在中国现代书籍装帧史上，陶元庆是第一个采用新颖的图案装饰作为新文艺书籍封面设计的美术家，而他又是在鲁迅的鼓励支持下进行大胆创新的。陶元庆（1893—1929），字璇卿，浙江绍兴人。曾在上海艺术专科师范学校师从丰子恺和陈抱一等名家学习西洋画。对中国传统绘画、东方图案画和西洋绘画都广泛涉猎，有着不俗的见识和修养，为其从事书籍装帧艺术奠定了美学基础。

1924 年，陶元庆到北京游历，就住在鲁迅曾经居住过的绍兴会馆里。不久，陶元庆为鲁迅翻译的《苦闷的象征》一书设计封面，鲁迅看后十分满意。他让许钦文带话给陶元庆，让陶元庆有空来串门聊天。有意思的是，陶元庆原本性格内向，但一见鲁迅，说起话来却滔滔不绝，两人彼此很投缘。这原因除了是老乡之外，与鲁迅懂得美术也有关系。此后，两人有了更多合作，陶元庆还为鲁迅设计了《彷徨》《出了象牙之塔》《工人绥惠略夫》《中国小说史略》《唐宋传奇集》《坟》《朝花夕拾》等书的封面。1925 年 3 月，陶元庆在北京举办画展，鲁迅为画展写了序言，在序言中对陶元庆的艺术成就给予了高度的评价。后来陶元庆在上海举办画展，鲁迅再一次为文赞扬："陶元庆君的绘画是没有什么桎梏的，他以新的形，尤其是新的色，写出他自己的世界，而其中仍有中国向来的灵魂。"

1926 年，陶元庆在台州任教，鲁迅把自己的照片寄去，请陶元庆在假期对照照片为自己画一幅肖像。1926 年 5 月，陶元庆把画成的鲁迅头像寄给鲁迅，这是鲁迅生前最喜爱的一张肖像，后来这幅画就摆放在鲁迅北平寓所的客厅正中。

后来杭州国立艺术院成立，丰子恺推荐并亲自把陶元庆送到院长林风眠那里。由于曾经为鲁迅的书籍设计封面，陶元庆已很有些名气，林风眠决定聘他为图案教授。

1929 年 8 月 6 日，陶元庆突患伤寒，遽然离世，年仅 36 岁。鲁迅对于陶元庆的逝世很是悲痛。当许钦文写信告知陶去世的消息后，鲁迅于日记中准确记录了他去世的时间：1929

年8月6日午后8时。鲁迅还向许钦文详细询问陶元庆病中的情况和他的家境，并拿出300元钱，托许钦文在陶元庆逝世的西子湖畔建造坟墓。

1928年，陶元庆曾经把自己的作品装订成册赠送给鲁迅。1931年8月14日，陶元庆逝世两周年之际，鲁迅在扉页上写下这样的文字："此璇卿当时手订见赠之本也。倏忽已逾三载，而作者亦久已永眠于湖滨。草露易晞，留此为念。呜呼！"

三

提到鲁迅视为知己的朋友，我们不能不说瞿秋白。

1932年春末夏初，鲁迅在家中接待了瞿秋白和夫人杨之华。这是鲁迅和瞿秋白的第一次见面。他们谈得很畅快。从日常生活到刚刚过去的"一·二八"上海抗战，从彼此的遭遇到文学战线上的情况，两个人无话不谈。直到夜幕催人，瞿秋白夫妇才离去。这次的见面，奠定了两人相知的基础。从此之后，鲁迅不仅掩护瞿秋白，扶助瞿秋白，而且与瞿秋白在工作中密切合作，建立了深厚的友谊。

从1932年到1933年，瞿秋白先后四次在鲁迅家中避难，少则几天，多则半个月。也就是说，在上海，每当瞿秋白面临危险而无处藏身的时候，他总是会到鲁迅家中。要知道，从1931年9月开始，瞿秋白就成为国民党政府的重点追捕对象，收留他要冒很大的风险。如果没有临危不惧的精神，如果没有对朋友的一腔赤诚，很难想象有谁敢于一再收留这样一位"要犯"。危难时刻，是鲁迅挺身而出，保护了瞿秋白。

不仅如此，在经济上，鲁迅对瞿秋白也给予了很大的帮助。瞿秋白当时被王明宗派集团排除在共产党的领导机构之外，自身又没有工作，经济上入不敷出，鲁迅竭尽全力帮助他。1932年8月，为了促使合众书店同意买下瞿秋白翻译的4篇高尔基的短篇小说，鲁迅不惜将自己的杂文集《二心集》的版权卖给合众书店，《二心集》也因此成为鲁迅著作中唯一出售版权的书。同年11月，鲁迅将他编译的苏联短篇小说集《一天的工作》交给良友出版公司出版，这本小说集共收10篇，其中2篇是由瞿秋白、杨之华夫妇共同翻译的。此书尚未出版，鲁迅就预先送给瞿秋白夫妇60元钱。1933年3月，瞿秋白在鲁迅家避难期间，鲁迅和他一起编写了一本《萧伯纳在上海》，出版后鲁迅将全部稿费付给瞿秋白。同年7月，鲁迅请瞿秋白编一本《鲁迅杂感选集》，明知这本选集出版后会影响自己的单本杂文集的发行量，鲁迅还是这样做了。其目的很简单，就是为了使当时生活已捉襟见肘的瞿秋白能得到一笔稿费。该书出版后，鲁迅即给瞿秋白"编辑费"200元，其实，这其中一半的钱是鲁迅付的。可以说，正是因为鲁迅持续不断地在经济上的支持，才使得瞿秋白30年代在上海期间能够维持正常的生活，从而完成那么多文章和译作。

在上海期间，瞿秋白还与鲁迅合作写了12篇杂文。这些杂文都是瞿秋白在与鲁迅漫谈后写成的，经过鲁迅修改，用鲁迅当时常用的笔名发表。后来，鲁迅把它们收到自己的《伪自由书》《南腔北调集》《准风月谈》等文集中。

瞿秋白虽然比鲁迅小18岁，但两人之间似乎没有因年龄而造成的隔阂，他们之间的广泛共鸣是鲁迅晚年生活的重要慰藉。在瞿秋白为《鲁迅杂感选集》写的序言中，有这样的句子："鲁迅从进化论进到阶级论，从绅士阶级的逆子贰臣进到无产阶级和劳动群众的真正的友人，以至于战士，他是经历了辛亥革命以前直到现在的四分之一世纪的战斗，从痛苦的经验和深刻的观察之中，带着宝贵的革命传统到新的阵营里来的。

他终于宣言：‘原先是憎恶这熟识的本阶级，毫无可惜它的溃灭，后来又由于事实的教训，以为惟新兴的无产者才有将来。’”鲁迅读到这样的文字，有知音之感，这些内容日后也成为对鲁迅的经典评价。难怪鲁迅要抄这样一副清人对联送给瞿秋白：“人生得一知己足矣，斯世当以同怀视之。”

1934 年 1 月，瞿秋白离开上海赴江西苏区，1935 年被捕。在身份未暴露时，瞿秋白化名林其祥给鲁迅写信，说他已经被捕，请鲁迅设法营救。鲁迅收到信后，立刻着手设法营救瞿秋白。他想与周建人筹办一个店铺，以作铺保去保释瞿秋白，但不久就传来了瞿秋白被杀害的消息。鲁迅得到确信，长时间“木然地坐在那里，一言不发，悲痛得头也抬不起来了”。

为了寄托对瞿秋白的哀思，鲁迅放下手头的很多工作，拖着病体，着手编选两大卷瞿秋白的译文集《海上述林》。他亲自抄录部分稿子，校对全部清样，还在内山完造的帮助下，特地送到印制技术较高的日本去，用重磅道林纸印刷。上卷运抵上海送到鲁迅手中时，已是 1936 年 10 月 2 日了。下卷还未出版，鲁迅自己也与世长辞了。这对知己先后走到了生命的终点。他们之间的交往只有短短 4 年的时间，却书写了人间友谊的传奇。

心事浩茫连广宇

——仁者鲁迅

鲁迅在写给许寿裳的信中说道："大约将来人道主义终当胜利。"鲁迅的一生，是实践其人道主义思想的一生，是仁者的一生。

一

1888 年，不到 1 岁的小妹妹端姑因天花夭逝，8 岁的鲁迅一个人躲在屋角哭泣，大人问他为什么，他说："为妹妹啦！"鲁迅在三味书屋上学时，常和小伙伴们到祖宅老台门的后园采摘花草。后园里经常有小伙伴在放风筝，鲁迅只是看，自己从来不放，问他为什么不放，他说怕把地上种的东西踩坏了。是谁，给这幼小的心灵播下了慈悲的种子？

当初在南京求学时，鲁迅放弃水师学堂，改入矿路学堂，有一个原因就是他曾发誓永不杀人。在仙台学医时，鲁迅曾解剖过 23 具尸体，男女老少都有。依他的经验，最初也曾感到不安，后来就不觉得什么了，不过面对年轻女人和小孩的尸体，他总是不忍心下手。“当开始去破坏的时候，常会感到一种可怜不忍的心情，尤其是小孩的尸体，更觉得不好下手，非鼓起了勇气，拿不起解剖刀来。”许寿裳认为，鲁迅学医，“是出于一种尊重生命和爱护生命的宏愿，以便学成之后，能够博施于众”，这应该符合鲁迅的本意。

鲁迅在日本留学期间，有一回在火车上看到乘客拥挤，他便主动把自己的座位让给中途上车的一位老太太，那老太太很是感激，“阿利亚多”个没完没了。令人哭笑不得的是，这种行善之举也会招致别人的误解。一次，鲁迅在街上帮一个日本妇人抱孩子，结果被同乡看到，大呼鲁迅已经在日本结婚，而且已经有孩子了。这话传到鲁迅母亲耳朵里，那还得了，连忙拍电报催鲁迅回家，跟朱安完婚。

辛亥革命后，鲁迅接受王金发的委任，出任浙江山会初级师范学堂监督。王金发认为，前学堂监督杜海生在秋瑾殉难时，本可援救，却没能出手援救，希望鲁迅找出他的错处，给予惩罚。但是鲁迅认为，杜海生未必有援救的力量，援救了也未必有效。而且，即使杜海生有不援救的错误，也决不应该在交接工作的时候借故报复他。不仅如此，连照例要撤的账房先生也不换。账房先生原本捏着一把汗，等待“被下岗”，听到留任的消息时，简直难以置信，逢人便说：“周先生是好人啊！”

在北京住绍兴会馆时，冬天，见一个同乡衣着单薄，鲁迅掏出5元钱递给他：“你先拿着，买个棉衣啥的。”

二

作为一名教师，鲁迅总是替学生着想，怕学生吃亏。在历次学潮中，他几乎总是和学生站在一起。

1911年初，绍兴府中学堂的学生兴起了剪辫子风潮，鲁迅当时担任监学，连忙劝止。学生派出他们的第一辩手质询鲁迅："您说有辫子好呢，还是没有辫子好呢？"

鲁迅不假思索地说："没有辫子好，然而我劝你们不要剪。"

学生："那您为什么把辫子剪了？"

鲁迅："我这是在日本剪的……"

"您知道您这叫什么吗？"学生不依不饶。

"叫什么？"鲁迅被问得一头雾水。

"您这叫言行不一，我们走！"学生们扬长而去。

鲁迅被晾在那儿。

其实，谁都知道，鲁迅那是在保护学生呢。

果然，第二天，师范学堂就开除了六个剪辫子的学生。随后不久，浙江省提学司又下了一道"限期蓄发"的命令，幸而在鲁迅等人的保护下，府中学堂没有因剪辫子而开除一名学生。辛亥革命后，鲁迅出任浙江山会初级师范学堂监督，学生闻讯情绪高涨。鲁迅上任伊始，第一次讲话的内容就是剪辫子，他说："剪辫子，自由剪，不强迫，但以后总是要剪的。"

鲁迅最痛恨那些恃强凌弱的人，看到弱者被欺负，他总是挺身而出。尤其在保护学生方面，鲁迅颇有侠士之风。

坊间流传甚广的鲁迅给学生补靴子的故事，那学生就是北大预科法文班的冯省三。鲁迅了解到冯省三家里很穷，他是逃婚到北大上学的，完全靠打工维持生活花销。鲁迅对他十分同情，总是提供力所能及的帮助。于是就有了鲁迅替学生补靴子的段子。当时北大规定，教师上课必须发讲义。但是来蹭课的学生率先领走了讲义，正式学生反而没有讲义，这样就得加印，费用由学生出。结果，愤愤不平的学生找校方反映，加收讲义费不合理，要求予以取消，这就是轰动一时的所谓“讲义费事件”。学校把这次事件定性为“学生暴动”，认为冯省三是主要发动者，要将他扫地出门。鲁迅为此专门写了《即小见大》一文，立场站在学生一边，公开提出质疑，认为冯省三只是“替罪羊”。的确，当时冯省三最初只是个看热闹的。

冯省三被开除后，与陈声树等筹办北平世界语专门学校，鲁迅不但应允担任学校董事，还免费为学生上了一年的课，以支持冯省三办学。1924 年 5 月，周作人推荐冯省三去广东大学任教，没想到 1 个多月后冯便病故了，堪称英年早逝。

1925 年，北京女师大学潮期间，校方无理开除学生自治会的六个领袖，计划由警察押解这六个开除的学生回籍。风声传来，几个女孩子走投无路，平日过从甚密的亲友、同学，都怕惹事，不敢收留。关键时刻，又是鲁迅挺身而出："来我这里，不怕!"许广平、南民、许羡苏等几个女生算是躲过了一劫。警察几次三番来西三条胡同要人，都被鲁迅顶了回去。

1929 年底，海婴出生后，鲁迅初为人父，许广平初为人母。他们都不会照看婴儿，尤其为孩子洗澡，更是显得笨手笨脚，孩子经常着凉，引发感冒。为此，鲁迅就高价请了一位月嫂王阿花。她是浙江上虞人，因为不堪丈夫的虐待，跑出来打工。丈夫一家人找上门来，还雇了几个流氓，要把她抢回去卖掉。每次流氓前来骚扰，鲁迅都正义凛然地站在门口，“于是女佣在内而不敢出，流氓在外而不敢入者四五天”。后来“上虞同乡会”的头目出面索人，也被鲁迅拒绝。不仅如此，鲁迅还准备为王阿花的事“吃官司”。原来这王阿花的丈夫以为鲁迅要收王阿花为妾，非要鲁迅出一笔赎身费，自己“好另娶一房媳妇”，鲁迅听后哭笑不得。不过，到 1930 年 1 月 9 日，在律师的协调下，鲁迅为王阿花代交了 150 元的赎身钱，才算把这件事摆平。后来，王阿花终于找到了自己心爱的人，离开了鲁迅的家。

三

鲁迅对普通劳动者怀着很深的感情。

他家有个男用人名叫王鹤照，自幼在鲁迅家里打工。在王鹤照的印象中，鲁迅从来没有支使过他，从没说过“鹤照，做什么去，什么给我拿来”这样的话。早上起来，王鹤照要给他打洗脸水，他也总是说：“鹤照，随便些，我自来。”1909年，鲁迅在杭州两级师范学堂教书，王鹤照奉鲁迅母亲之命去给他送棉被。本打算当天乘夜航船返回绍兴，正赶上下雨，鲁迅便挽留王鹤照在学堂里玩两天再回去。这期间，鲁迅对王鹤照照顾有加，“小菜也吃得蛮好”，还特意嘱咐工友给王鹤照做个韭菜炒肉丝改善伙食。

在北京住八道湾时，家里用着一位工友名叫齐坤，鲁迅不许他的侄子侄女们叫他齐坤，要叫他“齐爷”。周作人的女儿周静子觉得很不自然，她问鲁迅：“齐坤又不是我们的爷爷，为什么要叫他齐爷?”鲁迅拉着孩子的小手说：“你不知道小孩要尊敬大人吗?齐坤比你们年长，那么就该尊敬称呼他为爷爷，明白了吗?”看得出来，对于劳动者，鲁迅不仅仅是同情，而是真诚地尊重。

鲁迅住在砖塔胡同时，家里雇了个女工，别人家里的女工月薪一般是1元或者1元5角，他们家的月薪则是2元。

在北京住在西三条胡同的时候，晚上除鲁迅睡得较迟，其余的人都是很早就睡下了。有信或电报送来，都是鲁迅亲自去开门，亲自接收。每次，他总喜欢跟邮递员闲聊几句。特别是冬天的晚上，他和他们谈得更多。借住在他们家的许羡苏问他都谈些什么，他说只是利用邮递员进来盖章签名的时间，请他们抽支烟，避避寒冷。

1924 年 7 月，鲁迅接受西北大学的邀请，到西安进行夏期演讲。当时西北大学负责接待的工友服务很周到，在回北京前，鲁迅主张“把陕西人的钱在陕西用掉”，除了捐赠当地的秦腔剧团“易俗社”50 元外，还对西大工友们做了特殊馈赠。据同行的孙伏园回忆：“西北大学的工友们招呼得很周到，鲁迅先生主张多给钱。还有一位先生说：‘工友既不是我们的父亲，又不是我们的儿子；我们下一趟不知什么时候才来；我以为多给钱没有意义。’鲁迅先生当时堵着嘴不说话，后来和我说：‘我顶不赞成他的“下一趟不知什么时候才来”说，他要少给让他少给好了，我们还是照原议多给。’”这种仁厚的情怀不是每个人都具备的。

在上海也是如此，内山书店经常给他送书上门，凡是来送书的店员，鲁迅总是让他顺便捎些糕点、水果等一些好吃的东西带回去。己所欲，施于人。他喜欢吃零食，也认为人家肯定喜欢。

据当时的上海工人阿累回忆：有一次他去书店买鲁迅译的《毁灭》一书。正巧碰到鲁迅，鲁迅从书架上取下曹靖华译的《铁流》，对他说：“你买这本书吧——这本比那一本好。”“这书（指《铁流》）本来可以不要钱的，但是是曹先生的书，现在只好收你一块钱本钱；我那一本是送你的。”阿累深为感动，视鲁迅为朋友和亲人。

鲁迅对劳动者的尊重，集中体现在对人力车夫的态度上。

鲁迅在北大教书，经常早来晚走，来不及回家吃饭，就在红楼前的小饭摊上随便吃一点儿。这种小饭摊多卖玉米窝头之类，来用餐的也多是些人力车夫。饭摊上只有一个条案，连个板凳都没有，鲁迅只得就地捡块砖头当凳子。他神态自若，吃得津津有味，还不时向周围的农民工点头，好像跟他们都是老相识了。

在北京时，有一段时间，鲁迅也雇了一个车夫，工钱颇为优厚，鲁迅还劝他空闲时可拉些散客，增加收入。鲁迅看到车夫衣服旧了，就给他一元钱买衣服。有一天，鲁迅坐着黄包车去教育部，车夫不小心碾了路上的橡皮水管，不得了，被巡警和几个治安协管员一顿暴打。鲁迅一声叹息："唉，生逢乱世，人性怎么都跟野狗似的。"还有一回，他的车夫不小心跌了一跤，把鲁迅摔出车子，磕掉了两颗门牙，鲁迅满嘴是血，居然还跟家人开玩笑，完全没有责怪车夫的意思。奇怪的是，这位车夫经常向鲁迅借钱，甚至透支了下一年度的工资——原来他一有空，就与教育部其他车夫赌博。鲁迅苦口婆心劝他戒赌，他说要赢钱才能还先生的账。鲁迅干脆就免了他的欠款，还额外多给了两个月的工资，劝他离开教育部的"赌场"。车夫感激万分。

在上海时，一个冬天的黄昏，周建人带着女儿周晔到鲁迅家，路上看到一个黄包车夫不小心被玻璃扎破了脚，鲜血淋漓。周建人赶紧喊来鲁迅，两个人把车夫扶到车子的坐垫上，一个蹲着，一个半跪着，两人分工合作，钳出车夫脚底嵌进肉里的玻璃碎片，用药水洗干净伤口，包扎起来。鲁迅把剩下的药水和绷带送给车夫，还掏了一些钱给他。叮嘱车夫在家里多休养几天。在周晔的记忆中，送走车夫之后，鲁迅的表情"像霜一般严肃"，"半日不动，重重地叹了一口气"。也是在上海，天热的时候，看到人力车夫在烈日下奔波，极为辛苦。鲁迅便与内山书店老板内山完造一起，为人力车夫免费提供茶水，由鲁迅出茶叶，内山提供开水。环顾国内，能够这样做的学者教授恐怕没有多少人吧。

四

鲁迅的仁者情怀不仅表现在同情弱者上，也表现在他深广的人道主义精神上。他曾不止一次地指责当时处决犯人所采取的不人道的做法。有一次，上海处决一个强盗，“两个穿短衣的人各拿手枪，一共打了七枪”。鲁迅对一些年轻人说，这是民国初年处决犯人的做法，想不到时隔十多年，还有人这样做。他说，处决犯人，应该进步些，用不着给死者造成这么多的痛苦。他还以北京处决犯人的做法作为对比：“犯人未到刑场，刑吏就从后脑一枪，结果了性命，本人还来不及知道就已经死了呢。”然而不久之后，鲁迅在北京的报纸《世界日报》上又看到一条新闻，题目是《杜小栓子刀铡而死》，详细报道了用铡刀处决人犯的过程。鲁迅认为，这让人感觉好像是回到了900多年前的包龙图时代。无独有偶，上海也有对“匪首”处以斩刑的做法。鲁迅在写给李小峰的信中说：“杀头虽非主义，而为法律所无，亦‘不利于三民主义’者也。”

对于中国古代的“剥皮”“幽闭”“割乳”“擢发”“凌迟”等种种令人不寒而栗、毛骨悚然的酷刑，鲁迅深恶痛绝；对当时中国监狱中普遍存在的酷刑，鲁迅更是不遗余力地批判。其目的，在于唤醒人道与良知。

鲁迅还是一个热心公益的人。查鲁迅日记，上面记着各种捐款，五花八门，比比皆是。

北京孤儿院兴建房舍，他捐；军阀部队骚乱，百姓困苦流离，他捐；上海共和女校财政困难，他捐；为救助北京无业游民、“下岗职工”，“北京冬季施粥”，他捐；浙江温州、处州等地遭遇水灾，他捐；江西水灾，他捐；1914年秋，湖北江汉、襄阳等三十余县，水、旱、虫灾严重，他一捐再捐；河北闹水灾，他更是连续三次捐款；佛教印经处资金短缺，他捐；佛教他捐，基督教他也捐，1916 年 2 月 26 日，吴雷川创办景教（基督教）书籍阅览所，他慷慨解囊……

1919 年，孔德学校资金短缺，他捐 10 元。

1925 年，他为“五卅惨案”捐款 12 元 5 角。

1926 年，在厦门，厦门大学创建平民学校，他捐 5 元。

1927 年，在广州，“四一五”事变后，他捐款慰问被捕学生。随后，又为广东救伤队捐款 5 元。

1927 年到上海后，他为上海济难会捐过几次数目不小的款子。

……

台湾作家李敖说过：“善必须实践，必须把钱掏出来，把血输出来，把弱小扶起来，把坏蛋打在地上……”鲁迅做到了。

1936 年，鲁迅的生命已进入“倒计时”状态，他写道：“无穷的远方，无数的人们，都和我有关。”

横眉冷对千夫指

——斗士鲁迅

鲁迅在上海的时候，房间写字台的旁边有一台鱼缸，里面养着10条斗鱼。它们外表平凡，却活泼善游，追逐咬斗，灵活异常。这斗鱼是内山完造赠送的，内山是不是觉得鲁迅就是一个好斗之士呢?

说起鲁迅的好斗，那可是有年头了。

七八岁的时候，亲戚家一个叫沈八斤的男孩老欺负他，那孩子比鲁迅大几岁，鲁迅哪是他的对手。于是，鲁迅只好用画画来发泄怒火：画中一个人心口中箭，躺在地上，血流不止。旁边写着“射死八斤”四个大字。

进入三味书屋以后，鲁迅斗志更旺。当时绍兴城中一家名为“广思堂”的私塾有个塾师，绰号叫“矮癞胡”，平时虐待学生，打手心要把手背顶着桌子角，且常常罚长跪。学生甚至连撒尿都受到严格控制，领了竹签才能去，否则你就得憋着。这跟三味书屋宽厚和蔼的寿镜吾老先生可差远了，寿先生“有一条戒尺，但是不常用，也有罚跪的规矩，但也不常用”。寿老先生看见学生“撒尿”久出不归，顶多在屋里吆喝一声：“人都到哪儿去了?”这“矮癞胡”端的可恶！鲁迅便和几个同学一起，冲到“广思堂”，要教训教训他。可巧里面没有人，他们便打翻砚台，折断竹签，大闹一通，扬长而去。

初战告捷，再接再厉。听说城里有位姓贺的武秀才，经常在家门口欺负小孩子，鲁迅义愤填膺。要知道，江浙一带崇文不尚武，一些市井无赖便钻了空子，混个武秀才的功名。这些人横行乡里，一般还真没人敢惹，可鲁迅敢惹。他和几个同学决定给这个武秀才点儿颜色瞧瞧。他们埋伏在武秀才家门口，准备揍他一顿。他们都还是小孩子，那姓贺的可是武秀才，跟教书先生“矮癞胡”不同。为了保证战则必胜，鲁迅将祖父做知县时给“民壮”（即卫队）挂过的腰刀藏在大褂下。不知那武秀才听到风声，躲了起来，还是压根不愿跟一群“毛孩子”过招。总之，人家没有露面。否则，一场恶战在所难免。不过，这把腰刀鲁迅在辛亥年间还用过一次，当然这是后话。

父亲去世后，家道中落。有一回，家族聚议，重新分配房屋，鲁迅作为这一房的长孙出席。在会上，亲戚本家要把坏房子分给他们，摆明了是要欺负他们孤儿寡母。鲁迅当然拒绝签字，长辈们生气了：“你这孩子，好大的胆子，敢不听话！”鲁迅不吃这套：“这事我做不了主，我得向祖父请示！”完全一副大义凛然的样子。祖父在哪儿？祖父还因为科场舞弊案在杭州的监狱里生死未卜呢。看来，鲁迅一辈子斗志昂扬，也许是打小让环境给逼出来的。

后来去南京求学，鲁迅特意为自己取了两个别号。一个是“戎马书生”，一个是“戛剑生”，是不是蛮有侠士的味道?

在南京求学时，最能显示鲁迅战斗精神的是他学骑马。矿路学堂学校附近有满族人的聚居地，他常到这一带练习骑马。

这些旗营中的少年人，看见他这个个子矮小的汉人竟高高地骑马踱过营门，便一边辱骂一边扔来石块。这使他立刻记起自己还是清朝治下的奴隶。一怒之下，他扬鞭追赶那些掷石者，却摔下马来，跌得头破血流。但他并未因此而放弃学骑马，并最终掌握了骑术，这就是鲁迅的韧劲。辛亥革命胜利后，他应南京临时政府教育总长蔡元培之招，到教育部工作。特意和同事重访当时驻防旗营的残址，大有“种桃道士归何处，前度刘郎今又来”的气概。抚今追昔，不知鲁迅作何感想。

留学日本后，鲁迅还曾专门跟日本浪人学习柔道、剑术。由于一直没有机会展示，也不知他的功夫究竟怎样。倒是回国时带回两把短刀。一把是日本的老房东赠送的，另一把据说是个日本浪人送的，没有刀鞘，仅有两片薄薄的木板，用纸条象征性地捆着。鲁迅对学生说，与敌相对，要刺出时根本不需要拔刀，直接刺过去，木板落而匕首现！说起来让人毛骨悚然。这把刀一直就放在鲁迅的枕头下边，后来许广平担心鲁迅用它来自杀，就给偷偷地藏起来了。

1909 年，鲁迅回国后，在浙江两级师范学堂任教。由于原校长沈钧儒被选为谘议局副议长，继任者是一位以道学自命的夏震武，大家都称他“夏木瓜”。这“夏木瓜”不仅脑袋僵化，而且对教员颐指气使。鲁迅等人可不吃他这一套，一开始就跟夏木瓜对着干。由于鲁迅在斗争中表现得最为坚决，被同事们戏称为“拼命三郎”。后来，教员们以集体辞职相抗争，夏震武只好辞职下台。教员返校，返校后召开了“木瓜纪念会”，纪念“木瓜之役”大获全胜。

鲁迅的舅舅鲁寄湘是个书生，擅长中医。1909 年和中药店伙计章某合伙开了家药铺。想不到章某监守自盗，几个月的工夫就把药铺贪蚀一空。鲁寄湘看事无可为，就准备把店铺收歇了。章某还不满意，他看鲁寄湘忠厚可欺，又怂恿权势者孙某，假借市商务分会的名义来反对歇业，定期开会，通知鲁寄湘出席，打算为难他。舅舅是个老实人，特地找鲁迅商量对策，鲁迅说这事理直气壮，毫无可怕，我就可作你的代表出席。届时，鲁迅便独自前往，有一种关云长单刀赴会的味道。可是等候到夜里，竟没有一个人到会，鲁迅自行回去了，此事也就风平浪静了。

夜半三更盼天明，寒冬腊月盼春风。终于等到了革命的日子，武昌起义一声枪响，本已风雨飘摇的清王朝匆匆谢幕。辛亥革命爆发后不久，杭州就宣告光复，绍兴的新派人士议论纷纷，想派人去杭州请王金发的革命军队快点儿到来。绍兴的进步文学团体越社组织了群众大会，邀请当时赋闲在家的鲁迅参加，大会公推鲁迅为主席。鲁迅当仁不让，在会上发表即席演讲："当务之急就是组织武装讲演队宣传革命的意义，但须若干人组成一队，武装起来，以防敌人的反扑。"正在这时，传来谣言说：残败的清兵将渡江来骚扰。绍兴城内人心惶惶。鲁迅再次展现"拼命三郎"的本色，亲自组织府中学堂的学生武装上街巡行。这回祖父那把腰刀再次派上用场，鲁迅手拿钢刀，说道："遇到万一，这把刀准能砍杀几下。"有鲁迅带头，学生们也底气十足，个个背着练操时用的毛瑟枪，跟在鲁迅后边，绕城一周，那阵势还真像那么回事。鲁迅后来回忆起这件事，总是带着几分得意之色。

同情弱者，反抗权贵，是鲁迅斗争的一贯立场。1925 年"女师大风潮"期间，鲁迅坚决站在学生一边，和一些进步教师一道对抗以教育总长章士钊、校长杨荫榆为代表的权势集团。早在 1924 年 2 月，许寿裳因为对教育当局不满，愤而辞去女师大校长之职。北京政府随即任命杨荫榆为校长。杨荫榆到任后，在管理上施行封建家长式的粗暴方式，限制学生思想和行动的自由，并依仗权势打击和排挤进步教师，曾致使15名教师集体辞职。对这种窒息生机的教育，鲁迅斥之为“寡妇主义”，并于1924年8月退回女师大的聘书。学生们也忍无可忍，坚决反对杨荫榆再当校长，并把这一运动称为“驱羊运动”。由于北京政府的阻挠破坏，驱杨未成，杨反而伺机报复。1925年5月9日，杨贴出文告宣布开除学生自治会成员刘和珍、许广平等六人学籍，并勒令离校。这一举动立即激怒了全体同学，她们查封了校长办公室，并不准杨荫榆入校。杨以北京政府为靠山，竟然动用上百名武装警察，对学生大打出手，强行驱赶学生离校。

女师大学生的遭遇和斗争赢得了社会舆论的广泛同情和支持。鲁迅鲜明地站在学生一边，先后写了《忽然想到》《呈教育部文》《“碰壁”之后》等文，还与沈君默、钱玄同等七位教授联名发表《对于北京女子师范大学风潮宣言》，揭露杨荫榆封建家长式的教育方法和打击报复学生的恶劣手段，指出被开除的学生一贯品学兼优。面对社会各界压力，当局撤出了进驻女师大的武装警察。一方面宣布准予杨荫榆辞职的决定，另一方面于8月10日以教育部名义宣布女师大停办。17日，教育部又决定将女师大改组为国立北京女子大学。女师大校务委员会在鲁迅等人的支持下，在西城宗帽胡同另立女师大新址，赁屋授课，鲁迅则义务为她们上课，支持她们继续斗争。11月，教育部迫不得已明令恢复女师大，“女师大风潮”终于以胜利结束。最后，章士钊为了报复鲁迅，以“结合党徒，附合女生”的罪名，撤销了他在教育部的任职。鲁迅毫不畏惧，一边同陈西滢等人打笔仗，一边自己写了状子，状告章士钊撤自己的职属于违法行为。半年之后，他终于胜诉，法院撤销了章士钊的命令，准许他回教育部复职。当然，此时章士钊也已经离开了教育部。

1926 年“三·一八”之后，鲁迅离开北京，来到厦门大学任教，4 个月后，又辗转来到广州中山大学任教。环境变了，他好斗的本性没变。在广州期间，他给郁达夫写信：“我譬如是一只雄鸡，在和对方呆斗。这呆斗的方式，并不是两边就咬起来，却是振冠击羽，保持着一段相当距离的对视。”根据《庄子·达生》的描述，斗鸡有四种境界。第一种境界“虚骄而恃气”，第二种境界“有敌则动”，第三种境界“疾视而盛气”，第四种境界“望之似木鸡”。看来鲁迅还没修炼到第四种境界，他处于第三种境界：疾视而盛气。这一点，从他与林语堂之间的冲突可以得到印证。林语堂本来跟鲁迅是不错的朋友，正是由于林语堂的积极运作才促成了鲁迅离京南下厦门。可谁知到上海后，两人居然会渐行渐远。有时甚至会因为一件小事而大闹一场。有一次郁达夫请客，鲁迅与林语堂酒喝得不少，因为一点儿小误会，一语不合，吵了起来。两人越说越上火，像一对斗鸡一样，你瞪着我，我瞪着你，对视了足足两分钟。要不是郁达夫在一旁做和事佬，真不知该如何收场。这毫无疑问是现代文学史上不可多得的戏剧性场面，要是那时候有狗仔队，把两大文豪怒目相对的视频传到网络上，一定会火！

1932 年 12 月，宋庆龄、蔡元培、杨杏佛等人发起成立中国民权保障同盟，鲁迅担任了上海执行分会委员。同盟的任务是反对国民党一党独裁，援救一切爱国的革命的政治犯，争取出版、言论、集会和结社自由。民权保障同盟自开展活动以来，就一向为国民党当局所嫉恨。1933 年 6 月 18 日，杨杏佛与其子杨小佛驾车外出，被国民党特务伏击。枪声一响，杨杏佛立即用身体保护当时年仅 15 岁的儿子，特务们连开十几枪，杨杏佛和司机当场身亡，杨小佛腿部中了一弹幸免于难。消息一传来，鲁迅便立刻搭乘汽车，飞奔到同盟本部去。回来后，家人和朋友都很担心他的安全。他却颇不以为然地说："管它呢，就是被杀死了，也打什么紧呢！"随后，他怀着悲愤的心情写下了感人至深的诗句《悼杨铨》："岂有豪情似旧时，花开花落两由之。何期泪洒江南雨，又为斯民哭健儿。"

杨杏佛被暗杀后，恐怖气氛笼罩着鲁迅。鲁迅却决定既不搬家，也不避难。当时风声甚紧，有人扬言要在杨杏佛入殓这一天暗杀鲁迅和同盟中其他领导人。6 月 20 日，鲁迅还是义无反顾地去参加杨杏佛的入殓仪式。出门前，鲁迅还把随身携带的钥匙交给家里人，以示不畏牺牲的决心。

与人斗，鲁迅奉陪到底；与兽斗，鲁迅亦乐此不疲。

他与巴儿狗斗。有一回，走在巷子里，遇到巴儿狗。兴许是因为他穿得有些破，那巴儿狗以为他是个要饭的，便冲他狂吠不止。说时迟那时快，鲁迅捡起一枚石子扔过去，正中狗鼻子，那小狗呜呜地叫着跑了，鲁迅获胜！

他与猫斗。钱钟书说："打狗要看主人面，打猫要看主妇面。"鲁迅可不管这一套，谁的面子都不看，见猫就打。尤其是那些哇呜哇呜谈恋爱的雄猫雌猫们，他打得最带劲。先用竹竿打之，再用烟罐扔之，甚至他打算用氰酸钾药杀之，他与猫之间似乎是有深仇大恨啊。与猫战斗，鲁迅获胜！

他与猪斗。在厦门时期，正是鲁迅与许广平鸿雁传情，恋爱形势如火如荼的阶段。有一天，他正在相思树下坐着，那边来了一头猪，对着相思树就啃开了，岂有此理！这是寄托着他对许广平绵绵情意的相思树啊，猪怎么配啃呢？于是，他挺身而出与猪战斗，誓死保卫相思树。结果那头猪落荒而逃，鲁迅获胜！

当然，纵观鲁迅与动物的交战史，他并不总是战无不胜，也有力不从心的时候。那最可怕的对手就是蚊子。在与蚊子的较量中，鲁迅总是处于下风。在仙台学医时，初冬时节仍然饱受蚊子“亲”扰，莫非这日本的蚊子都不怕冷？鲁迅只好把自己裹得严严实实的，仅留两个鼻孔出气。回国后，国产的蚊子夏夜横行，大热天的，你总不能再把自己裹得严严实实吧？有一回，鲁迅晚上被蚊子闹得睡不着觉，很郁闷，就对蚊子说道：“叮只管叮，但请不要叫。”然而蚊子不听他的，结果，“早上起来，但见三位得胜者拖着鲜红色的肚子站在帐子上；自己身上有些痒，且搔且数，一共有五个疙瘩”。鲁迅认为这是他“在生物界里战败的标征”。

讲到这儿，我们不能不提鲁迅与“鬼”斗的故事。那还是在绍兴府中学堂做教师的时候，有一天半夜回家，他路过一片坟地，远远看见一个白影。那白影“时小时大，时高时低，正和鬼一样”。鲁迅有点儿发毛，到底是往前走呢，还是另绕一条路回家？他转念一想：学医时我曾解剖过 20 多具尸体，死人都不怕，还怕“鬼”不成？我倒要看看这“鬼”到底什么样。鲁迅那时刚从日本回来不久，还穿着硬底皮鞋，他决定要给那“鬼”致命一击。等走到白影的旁边时，那白影缩小了，蹲下了，一声不响地靠住了一个坟堆。鲁迅就一脚踢了过去，那白影“嗷”的一声惨叫，立马就站了起来，鲁迅定睛一看，原来是个盗墓贼！鲁迅后来跟萧红说起此事，得意地说道：“鬼也是怕踢的，踢他一脚就立刻变成人了。”

培根说过：“没有爱人是寂寞的，没有仇人也是寂寞的。”在《两地书》中，鲁迅曾这样慨叹：“在寂寞之世界里，虽欲得一可以对垒之敌人，亦不易也。”说鲁迅是一个斗士，看来一点儿都不假。

俯首甘为孺子牛

——大先生鲁迅

鲁迅一生与青年学生结下不解之缘。他曾先后在浙江两级师范学堂（1909）、绍兴府中学堂（1910）、山会初级师范学堂（1911）、北京大学（1920）、北京师范大学（1920）、北京女子师范大学（1923）、厦门大学（1926）、中山大学（1927）、劳动大学（1927）等14所学校任教，执教过化学、生理学、中国小说史、中国文学史、文艺论等多门课程。在北京时，鲁迅被学生亲切地称为“大先生”。

一

1909年9月，鲁迅在杭州就任浙江两级师范学堂初级化学和优级生理学教员，兼任日本植物学教员铃木珪寿的教学翻译。鲁迅讲授生理学时，用的是自己编的讲义。这些讲义简明扼要，绘有插图，详细论述了人体的构造、成分、各系统的生理机能、保养及个人和公共卫生等常识。他时常对师生讲述自己当年在日本学医时解剖尸体的经验。他还专门应学生的要求讲生殖系统。开讲之前，他只提了一个要求，就是“不许笑”。讲课的不笑，听课的也不笑，教学效果相当不错，在全校师生中产生了轰动效应。要知道，那还是在清末时期。其他班里的学生因为没有听到，大为遗憾，纷纷向他来讨要油印讲义，鲁迅把剩下的讲义全送给了学生。不过，他的讲义简而又简，且夹杂了很多古语，学生们还真未必能看懂。

有一次上化学课，他为学生演示氢气燃烧实验，发现自己忘带火柴，便到隔壁的仪器室去取。临走前告诫学生不要动这个氢气瓶，以免混入空气，在燃烧时会发生爆炸。等他取来火柴，一点火，居然发生了爆炸，炸得他袖子上溅满了血。他抬起头来，才发现原本坐在前两排的学生都跑到后边去了。也许是有学生趁他不在的时候偷偷动了玻璃瓶，才闹出这样一出事故。当然也有可能是鲁迅自己操作不当造成的，前边的学生跑到后排，也许仅仅是出于担心吧。真相究竟如何，已无从求证，这也算是鲁迅为后世留下的谜团之一。

1911 年辛亥革命之后，鲁迅被王金发任命为山会初级师范学堂监督，相当于校长。鲁迅这监督可不白干，他办学的决心很大，也十分认真。晚自习，他到教室里转转，熄灯前，他到宿舍里转转。学生见了他都毕恭毕敬，似乎大气也不敢出。鲁迅笑道：“我又不是老虎，怕什么。只要大家遵守校规就是了。”他谆谆告诫学生：“你们要学好一门外语，专心一门科学。”这些话，至今仍有其价值。

1920 年，鲁迅受聘北京大学，讲授小说史。学者尚钺在北京大学求学时，经常逃掉自己的课去听鲁迅讲课。许多年后，他还清楚地记得鲁迅讲课的情形：“他的言语，虽然还有点浙江绍兴的语尾，但由于他似乎怕有人误解而用缓慢清晰的字音，和在用字方面达到人人能懂的词句，使全教室在整个时间中都保持着一种严肃的静穆。如果不是许多铅笔在纸上记录时发出一种似乎千百甲虫在干草上急急爬行的细响，就让站在门外静听的人也要疑心教室里边只有先生一人在讲演吧。这显然是全教室的学生，都被先生说理的线索吸引的忘了自己。”讲到《红楼梦》一节，鲁迅问学生对林黛玉的态度。有学生反问道：“周先生，您的观点呢?”鲁迅说：“我不喜欢林黛玉。”“为什么呢?”“我嫌她哭哭啼啼的。”学生对这样的回答自然大呼过瘾。

1926 年在厦门大学时也同样如此。以往教室里顶多十几个学生，老是冷冷清清的，鲁迅讲文学史、小说史期间，教室里却往往人满为患，有些人只好站着听课。听课的“不只是国文系的全部和文科各系的学生，也有理科和法科的，这样的情形是厦门大学前所未有的”。甚至助教以及当地报社记者也来听，真所谓盛况空前。

鲁迅的教学理念是先进的，他并不只是讲授书本知识，他认为读书必须跟现实结合起来，才能有效。在他看来，实践比读书更重要。为此，他十分重视学生的实践活动。

1910年秋，鲁迅在绍兴府中学堂教书时，南京举办南洋劝业会展览。该展览主要陈列各地的手工业特产、古物及名胜古迹的模型，如湖北馆用竹子造的黄冈竹楼，江西馆展示的瓷器艺术，广东馆的日用玻璃器皿以及从外国进口的产品。鲁迅认为，通过参观，可以扩大学生眼界，吸收新知识，因此，建议学校把这一年的秋季旅行改为参观南洋劝业会。校方接受了他的建议，于是他带领学生经杭州、嘉兴、苏州，抵达南京，参观了一周左右，学生们大开眼界。1911年春，他还带领学生游览绍兴著名古迹——大禹陵。当时，鲁迅背着一只从日本带回来的标本箱和一把日式的洋桑剪，沿路采集标本。鲁迅在绍兴教学期间，多次带领学生去远足，除大禹陵外，还到过兰亭、快阁、宋六陵、柯桥、七星岩等地。

在北京女师大任教时，有一回鲁迅带领女师大学生参观故宫午门历史博物馆。由于这个博物馆是教育部直辖的，鲁迅所在的社会教育科正负责博物馆这一摊，近水楼台，管事的一看周科长来了，能不热情吗？于是学生们得以大饱眼福，大鲸鱼的全副骨架、古人用的石刀石斧、泥人、泥屋、青铜器等等一路看过来。鲁迅不仅带着她们参观，还充当讲解员，学生们自然获益良多。

二

讲课之外，鲁迅经常给学生批改作文，鼓励学生大胆创作。在绍兴山会初级师范学堂教学时，学生孙伏园写了一篇作文《恭贺南京临时政府成立并改用阳历》，鲁迅看后，写下“嬉笑怒骂皆文章”的评语，孙后来热爱文学，跟鲁迅的热情鼓励不无关系。

执教北京大学时，他上课总是带着一个小布包，包里放着给学生改过的稿子。他经常在上课前半小时就坐在休息室中，他一来，许多早已等候他的青年，便把他包围起来。于是他便打开小布包将那些请他校阅、指正的稿件拿出来，一面仔细地讲解着、散发着，一面又接收着新的，下次上课再带回来。更有甚者，他曾经为年轻作家改稿子累到吐血。谁能想到，鲁迅对年轻人的帮助有时候是以透支身体为代价的。

鲁迅经常在家中接待来访的学生。有一次，有个精神失常的学生冒充北大教员杨树达，赖在鲁迅家里不肯走。这可把鲁老太太吓坏了，连连责怪鲁迅不该随便接待的。后来，年轻诗人柯仲平拜访鲁迅，他在客厅里高声朗诵自己的诗作《海夜歌声》，鲁老太太以为又有人跟大先生吵架了，她怕儿子吃亏，忙叫佣人过去看看，看明白是年轻人诗兴大发，才放下心来。

尚钺写稿子一向字迹潦草，有一次，他看到鲁迅为自己校稿改稿消耗那么多时间，感到很内疚："先生早就应该叫我把稿子重抄一遍的。"鲁迅安慰他说："青年们总有一个时期不免草率一点的。如果预先规定一种格式或一种字体写，恐怕许多好文章都消灭到格式和字体中去了。目前的问题只是写，能写，能多写，总是好的。"

许钦文不能算是鲁迅的"亲"学生，只是在北大期间听过鲁迅讲《中国小说史》，碰巧又是鲁迅的浙江老乡，于是鲁迅对他便格外照顾。不仅一次次给他改稿子，1926 年在北京避难期间，还在医院的地板上亲自为他校订小说集《故乡》。鲁迅的小说《幸福的家庭》，参考了许钦文小说《理想的伴侣》的写法，副标题即为"拟许钦文"。这一来，让原本名不见经传的许钦文名声大噪。后来，鲁迅的第一本小说集《呐喊》在北新书局出版之后，他没有领取稿费，而是用这笔稿费垫付了为许钦文出版小说集的费用。再后来，许钦文去台州执教中学语文，鲁迅则把黎锦熙赠送自己的《国语文法》转赠给他。

一个年轻的诗歌爱好者对鲁迅说自己的诗写得很幼稚，鲁迅微微一笑："幼稚不要紧，谁见过刚出壳的雏鹰就会飞呀。只要健康发展，肯下苦功，多读多写就会进步了。"有些青年一遇上夸夸其谈的学者，立刻便被吓倒，自惭浅薄。这种时候，鲁迅这样鼓励他们："一条小溪，明澈见底，即使浅吧，但是却浅得澄清，倘是烂泥塘，谁知道它到底是深是浅呢？也许还是浅点好。"1927 年，他在香港青年会演讲，仍然不忘鼓励青年："至于幼稚，尤其没有什么可羞，正如孩子对于老人，毫没什么可羞一样。"

厦门大学的学生创办《波艇》《鼓浪》等杂志，鲁迅对两本杂志都是亲自审稿、改稿并指导编印，还亲自为刊物撰稿，他写的《厦门通讯》就登在《波艇》创刊号上。鲁迅对朋友说："我先前在北京为文学青年打杂，耗去生命不少，自己是知道的。但到这里（厦门），又有几个学生办了一种月刊，叫作《波艇》，我却仍然去打杂。"据当时在厦门大学的俞荻回忆说："我们向鲁迅先生说出我们心里的愿望，想努力写一点东西，想办一个文艺刊物，并且希望他支持我们，他毫不踌躇地满口答应：'好的，好的！我一定来帮助你们！'"对此，鲁迅说到做到。

1933 年 2 月 7 日夜至 2 月 8 日凌晨，在"左联五烈士"牺牲两周年的时刻，鲁迅连夜写出了那篇著名的《为了忘却的纪念》。在文中，他深情地回忆起跟这五位年轻作家交往的过程，字里行间浸透了无尽的怀念与深沉的悲愤。他曾经认真地校对白莽（殷夫）的译诗，把"民众诗人"改为"国民诗人"，并写信告诉他"不应该由自己的爱憎，将原文改变"。有一次，白莽从狱中被释放后，坦率地告诉鲁迅自己是一名“革命者”，我们可以想见年轻作家对鲁迅的信赖。鲁迅则一如既往地帮助这个年轻人，第一时间付给他稿费，让他“可以买一件夹衫”。

对于“左联”中的另一位年轻作家柔石，鲁迅则不仅仅是关心了。在鲁迅眼中，涉世未深的柔石有些“迂”。他曾经提醒柔石“人会怎样的骗人，怎样的卖友，怎样的吮血”。看到柔石前后左右相距三四尺的地方“有一个年轻漂亮的女人”，鲁迅就猜想那是不是他的女朋友。柔石呢，对鲁迅跟对老父亲一样，每次出门都得扶着他，生怕鲁迅“被汽车或电车撞死”。鲁迅则为这个高度近视的弟子而担心，于是他们总是“仓皇失措地愁一路”。那画面，既滑稽可笑又令人动容。

三

不仅在学业上、创作上帮助学生，在生活中鲁迅也总是给学生以无私的帮助。

也许是在南京求学时痴迷《天演论》的缘故，鲁迅早期思想深受进化论的影响。他说：“我一向是相信进化论的，总以为将来必胜于过去，青年必胜于老人。”他说：“老的让开道，催促着，奖励着，让他们（年轻人）走去。路上有深渊，便用那个死填平了，让他们走去。”他还说：“后起的生命，总比以前的更有意义，更近完全，因此也更有价值，更可宝贵；前者的生命，应该牺牲于他。”正因如此，鲁迅在为青年服务时常常不计代价。

他曾经这样评价柔石：“无论从旧道德，从新道德，只要是损己利人的，他就挑选上，自己背起来。”其实，这也正是他自己的写照。尤其在与年轻人交往时，他常常会丧失警惕，一次一次地上当。还在绍兴教书时，就有学生借谈学业到他房中骗烟抽，还回宿舍传授经验，以至一些学生群起效尤，而他终不觉察。在北京住绍兴会馆的时候，有个并不太熟的北大学生冯省三，靴子破了，跑到鲁迅那里，光着脚往床上一躺，却让鲁迅提着靴子上街，替他去找人修补。冯省三睡了一觉醒来，还埋怨鲁迅补得太慢，害他等了这么久。冯省三是山东平原人，每当提及此事，鲁迅总是笑着说："山东人真是直爽啊！"

1914年1月4日，有个叫商契衡的北大学生，因为家境贫困，求助于鲁迅。商契衡是鲁迅任教绍兴府中学堂期间的学生，他希望能够经常向鲁迅借钱交学费，并约定每年借120元，3月份借60元，8月、12月各借30元。鲁迅一口答应，因为当时他自己手头也紧，先给商契衡10元救急。此后3年，鲁迅每年都会如约借钱给这个穷学生，直到帮助他完成学业。

1924年，当时的北大学生李秉中，一次次写信找鲁迅借钱，那阵子鲁迅手头也不宽裕，但还是竭尽所能地帮他，要么借钱给他，要么替他做担保。像这样资助穷学生的事对鲁迅来说简直就是家常便饭，在《鲁迅日记》里借钱给穷学生或者替穷学生垫付学费这样的事更是屡见不鲜，但他从来不对别人谈起。对于生病的学生，他不但给人家开药方，有时候还给人家垫付买药的钱。后来，李秉中做了国民党军官，先是要替鲁迅张罗着去日本疗养，后来又提出愿意为鲁迅解除通缉令而出力，也算是知恩图报吧。

有的青年想去拜访鲁迅，又怕会打扰他的生活，惴惴不安。鲁迅呢，给青年详细交代了自己的作息时间表，而且安慰人家："我这里的客并不多，我喜欢寂寞，又憎恶寂寞，所以有青年肯来访问我，很使我喜欢。但我说一句真话罢，这大约你未曾觉得的，就是这人如果以我为是，我便发生一种悲哀，怕他要陷入我一类的命运；倘若一见之后，觉得我非其族类，不复再来，我便知道他较我更有希望，十分放心了。”人家视他“非其族类”，不再来访，倒是有希望的标志，你说怪不怪？

1927年2月，鲁迅在广州担任中山大学教务主任。4月12日，国民党右派突然在上海发动政变，收缴工人纠察队枪支，屠杀共产党人。4月15日，中山大学的很多进步学生也遭到军警逮捕。那天，广州城狂风大作，暴雨倾盆。鲁迅顶风冒雨，赶到中山大学会议室，紧急召集各科系主任开会，商议设法营救学生的事宜。他说：“这么多学生被抓去，这是一件大事，学校应该负责，我们应该对学生负责。”在那种情况下，公开支持鲁迅的人不多，会议没收到预期的效果。鲁迅眼睁睁看着自己的学生被捕遇害，却无能为力。4月21日，他毅然辞去中山大学一切职务。

四

鲁迅不仅课上得好，他的演讲更受学生欢迎，场场爆满。有时候来的人太多，不得不从教室换到会议室，最后干脆挪到操场上演讲。“鲁迅先生来啦！”不知哪个好事之徒喊了这么一嗓子，哗——掌声雷动，过了一会儿，才发现让人家给忽悠了。如是者三。虽然有时候很多人根本听不清他在说些什么，但演讲结束后学生们还是不愿离去，让他再讲一段，他于是再讲一段。只有这样，学生才意犹未尽地散去。鲁迅在广州高校演说时，兴奋的大学生热情得让他受不了，“常常把他抬起来，抛上去，有时使他头昏目眩才罢手”。

鲁迅的铁杆粉丝可真不少。有的学生听说鲁迅到了厦门，干脆自己从青岛跑到厦门投奔鲁迅。后来鲁迅转赴广州，又有

7 个学生跟着他从厦门跑到广州，投到他的门下。鲁迅的这些“追随者”中，最“铁”的“粉丝”要数廖立峨了。廖本来是厦门大学的学生，1927 年 1 月，他随鲁迅转学到中山大学。对这个廖立峨，鲁迅可真没少操心，曾在信中鼓励他自学：“最好是自己多看看书。靠教员，是不行的。”再后来鲁迅到上海，他也尾随而来。他以鲁迅的“忠实信徒”和“义子”自居，自己来不算，还带来了妻子，甚至连他的大舅哥也带来了。鲁迅毫无怨言，腾出自己楼下的房间给他们居住，供给膳食和津贴零用，并为他们介绍工作。然而，这个原来自称“义子”的人在鲁迅寓所寄住了七个多月，终因害怕鲁迅会妨碍自己的前程而离去。临行前还愤愤地对鲁迅说：“我的朋友都看不起我，不和我来往了，说我和你这样的人住在一处。”又向鲁迅提出种种无理要求，不仅要去了 120 元钱，还拿走了一批衣服器物。实际上他是看鲁迅也没有多少油水可榨了，这才携卷而去。

当然，后来鲁迅也明白了进化论的片面性。他曾沉痛地写道：“我一向是相信进化论的，总以为将来必胜于过去，青年必胜于老年，对于青年，我敬重之不暇，往往给我十刀，我只还他一箭。然而后来我明白我倒是错了。这并非唯物史观的理论或革命文艺的作品蛊惑我的，我在广东，就目睹了同是青年，而分成两大阵营，或则投书告密，或则助官捕人的事实！我的思路因此轰毁，后来便时常用了怀疑的眼光去看青年，不再无条件的敬畏了。”他曾对唐弢说：“进化论牵制过我，但也有过帮助。那个时候，它使我相信进步，相信未来，要求变革和战斗。这一点终归是好的。”他在另一篇文章中说道：“青年又何能一概而论？有醒着的，有睡着的，有昏着的，有躺着的，有玩着的，此外还多。但是，自然也有要前进的。”

他仍然愿意为青年多做些事情，“只要我努力，他们（青年）变猴子和虫豸的机会总可以少一些，而且是应该少一些”。50岁生日的时候，他说：“其实是活了五十年，成绩毫无，我唯希望就是在文艺界，也有许多新的青年起来。”

有人把他比作“梯子”。他在给好友章廷谦的信中表示同意：“梯子之论，是极确的，对于此一节，我也曾熟虑，倘使后起诸公，真能由此爬得较高，则我之被踏，又何足惜。中国之可作梯子者，其实除我之外，也无几了。所以我十年以来，帮未名社，帮狂飙社，帮朝花社，而无不或失败，或受欺，但愿有英俊出于中国之心，终于未死。”晚年，鲁迅加入左翼作家联盟，即使明知道有“作梯子之险”，也在所不惜。

鲁迅从不以青年导师自居。他在《导师》一文中说道：“青年又何须寻那挂着金字招牌的导师呢？不如寻朋友，联合起来，同向着似乎可以生存的方向走。你们所多的是生力，遇见深林，可以辟成平地的，遇见旷野，可以栽种树木的，遇见沙漠，可以开掘井泉的。问什么荆棘塞途的老路，寻什么乌烟瘴气的鸟导师！”

1931年，日本青年学者增田涉来到上海，在鲁迅的指导和帮助下将《中国小说史略》译成日语。他后来回忆说：“就我个人来说，直到现在所接触过的人——当然日本人也算在内，和鲁迅比较起来，在为人上我最尊敬他，对他感到亲爱。”

鲁迅说过：“我时常害怕，愿中国青年都摆脱冷气，只是向上走，不必听自暴自弃者流的话。能做事的做事，能发声的发声。有一分热，发一分光，就令萤火一般，也可以在黑暗里发一点光，不必等候炬火。此后如竟没有炬火：我便是唯一的光。倘若有了炬火，出了太阳，我们自然心悦诚服的。”

无所可爱的悲哀

——鲁迅的婚姻

1919 年 1 月，鲁迅收到一位“不相识的少年”寄来的一首题为“爱情”的诗，诗中写道：“我是一个可怜的中国人。爱情！我不知道你是什么……”

鲁迅认为这首诗“对于我有意义”。他在《随感录四十》中用饱含激情的笔墨评论道：“人之子醒了；他知道了人类间应有爱情；知道了从前一班少的老的所犯的罪恶；于是起了苦闷，张口发出这叫声。……我们还要叫出没有爱的悲哀，叫出无所可爱的悲哀。”

今天，我们回顾鲁迅的婚姻生活，仍旧可以感到那份浓重的“无所可爱的悲哀”。

早在鲁迅南京求学期间，母亲就自己做主给他定下了一门亲事，女方是鲁迅小舅鲁寄湘家的大女儿——表妹鲁琴姑。两人自小认识，青梅竹马，琴姑对这位仪表非凡的大表哥倾慕已久。根据绍兴婚姻风俗，同姓不通婚，但不同姓，即使是姨表兄妹、姑表兄妹，血缘关系很近，倒也是可以结婚的。本来母亲已经跟弟弟鲁寄湘商量妥了，可是鲁迅的保姆长妈妈听说后，就说什么“犯冲的呢”。原来琴姑小鲁迅两岁，生肖属羊，据绍兴习俗说：“男子属羊闹堂堂，女子属羊守空房。”从此以后，鲁迅的母亲再不提这门亲事了。小舅一家见鲁迅母亲迟迟不来提亲，就给琴姑另外找了婆家。性格内向的琴姑，虽然心里一百个不乐意，但也只好屈从。琴姑自嫁到夫家后，心里一直闷闷不乐，相思缠绵，不久卧病不起。在临终前，她向自己的贴身奶妈吐露了真情：“我有一桩心事，在我死前非说出来不可，就是以前周家来提过亲，后来忽然不提了。这一件事，是我的终身恨事，我到死都忘不了。”

不过，我们不知道后来鲁迅对这门亲事怎么看，学医的他会不会答应这桩表兄妹之间的近亲婚姻呢？也许，不论鲁迅是否与琴姑结婚，结局都是悲剧，这似乎在当初母亲自作主张为他定亲时就已经注定了。然而这只是鲁迅婚姻的第一出悲剧，这是一出未曾正式演出的悲剧，接下来，现实版的婚姻悲剧还是在母亲的操持下上演了。

放弃琴姑这门亲事后，母亲又为鲁迅另寻了一门亲事。女方叫朱安，比鲁迅大 3 岁，人们都叫她“安姑”。

鲁迅当时在南京求学，当他得知这门亲事后，立刻写信回家，表示坚决反对，要朱家姑娘另外嫁人。但母亲认为，这门亲事是她主动托人向朱家提出的，自己没有理由提出退婚。况且，亲友四邻都已知道这门亲事，提出解约，对朱家的声誉也不好，无缘无故被退婚，让人家姑娘日后如何嫁人？鲁迅呢，为了不使母亲伤心，考虑到自己志在四方，四海为家，母亲身边总要有一个陪着说话的人，也就不再反抗。他写信给母亲，提出两个条件，一是要朱安放足，二是要朱安进学堂读书。但这两项条件，传达到朱家时，朱家没有理会，既不放足，也未上学。他们认为脚已放不大了，妇女读书不成体统，以为这都是无关大局的小事。事已至此，鲁迅还能怎么办？

后来，鲁迅去日本留学，朱家一再催促周家完婚，鲁迅的母亲只好一推再推，一拖再拖。这样一直拖到 1906 年，这时鲁迅 26 岁了，而朱安已经是一个快 30 岁的老姑娘了。说来也巧，1906 年春天，鲁迅偶然在日本街头帮助一个女人抱孩子，被同乡看到，认为鲁迅已在日本娶妻生子。这话传到母亲的耳朵里，这可怎么得了。母亲便三天两头写信催鲁迅回家成亲，鲁迅还是迟迟不肯回来。于是，老太太使出撒手锏，给鲁迅拍了一个“母病速回”的电报。鲁迅信以为真，火速返回绍兴。等到了家门口，只见张灯结彩，母亲不但没有病，而且喜上眉梢，正高高兴兴地为自己操办婚礼呢。

结婚那天，鲁迅的神经已经麻木，头上装了根假辫子，一切听从别人的摆布。花轿抬来了，刚待揭开轿帘，只见新娘的一只绣花鞋从轿中落下。原来朱家知道鲁迅曾提出要朱安放脚，为了讨新郎的一时欢心，特地做了一双比脚大了很多的绣花鞋，无奈脚小鞋大，新娘还来不及下地，宽大的绣花鞋先掉了下来。这一幕一定引起了鲁迅的强烈反感，他后来在一篇文章中说：“古人比今人聪明，她决不至于缠小脚而穿大鞋子，里面塞些棉花，使自己走得一步一拐。”想必在写作时眼前浮现的正是这一幕。对于这场婚姻，鲁迅曾对朋友说，这不是自己在娶媳妇，这是“母亲娶媳妇”。后来，他与日本友人内山完造说：“她（朱安）是我母亲的太太，不是我的太太。”在跟好朋友许寿裳谈起朱安时说：“这是一件母亲送给我的礼物，我只能好好地供养她，爱情是我所不知道的。”洞房设在楼上，到了晚上，鲁迅由堂叔周冠五和邻居衍太太的儿子明山两人扶着上楼。一路上鲁迅一句话也没有，进屋见了新娘，新娘“个子不高，身材瘦小；脸型狭长，脸色微黄，前额、颧骨均略突出，看上去似带几分病容”。看罢，鲁迅仍然是一言不发。拜伦说：“沉默的女人是无声的雷。”那沉默的男人呢？据说，洞房之夜，鲁迅一宿未睡。新做的印花被的靛青把鲁迅的脸也染青了，这脸色跟他的心情倒是挺搭的。从第二天起，鲁迅就搬入了自己的书房。按照规矩，新婚夫妇需要拜祠堂，据说鲁迅也没有去。婚后第四天，鲁迅借口学习功课忙，正好二弟周作人也已办好赴日留学的手续，鲁迅便和他一起离开绍兴赴日本了。

从这时起，朱安就成了鲁迅有名无实的妻子，鲁迅也开始了20年无爱的婚姻。即使从日本回国之后，他也尽可能不回家。在杭州工作期间，他在写给许寿裳的信中说希望许能为他谋个工作，“虽远无害”。也就是说，他一心想着离开这个家，离开朱安。鲁迅一个人在北京教育部工作期间，跟在绍兴家里的弟弟周作人通信多达600多封，但跟妻子朱安却几乎没有通信。作为深受传统思想影响的女人，朱安未能为周家完成传宗接代的任务，自然会感觉“失职”。1914年11月，她回娘家探亲，托人给北京的鲁迅写了一封信，建议他纳妾：一来身边有个女人，让丈夫过上正常的男人生活；二来生下一男半女，也可为周家延续香火。这在鲁迅看来，自然“颇谬”。

1918年7月，鲁迅在《新青年》上发表了他那篇著名的《我之节烈观》，向畸形的封建伦理道德给女性施加的精神绞索宣战。在文末，鲁迅发出了振聋发聩的呐喊：“我们还要发愿：要人类都受正当的幸福。”写这篇文章时，我们不知道鲁迅的心中正感受着怎样的痛苦。从1906年结婚到此时已是12年了，鲁迅也罢，朱安也罢，享受到“正当的幸福”了吗？

到1919年，全家人由绍兴搬到北京来住，鲁迅不得不每天面对朱安。鲁迅每天对朱安说的话往往仅限于“我出去了”“吃饭了”这样简单的句子。朱安曾反复对人讲：“周先生对我不坏，彼此间没有争吵。”这很正常，我们很难想象鲁迅会跟朱安吵起来，话说回来，当两人连吵架的“热情”都没有了，你还能指望这样的婚姻有什么活力？对很多人来说，婚姻生活最大的杀手也许不是争吵，而是冷漠，是无话可说。

后来，鲁老太太埋怨朱安没生孩子，朱安满腹委屈：“大先生连话都不肯跟我说，哪儿来的孩子呀！”对此，老太太不是不清楚。她说：“他俩既不吵嘴，也不打架，但是没有感情，不像夫妻。”有一次，老太太问鲁迅，他们夫妻为什么不说话，鲁迅对母亲说：“和她谈不来，……谈话没味道，有时还要自作聪明。……有一次我告诉她，日本有一种东西很好吃，她说是的，她也吃过的。其实这种东西，不但绍兴没有，就是全中国也没有，她怎么能吃到？这样，话就谈不下去了。谈话不是对手，没趣味，不如不谈……”连话都不想谈，夫妻之间自然形同陌路。鲁迅似乎没有想到，朱安说自己“吃过”，难道不是为了讨好他吗？这是为了拉近跟鲁迅之间的距离而说的善意的谎言啊！鲁迅下班后，经常买些点心回家。他总是先送到母亲房里，请母亲挑选，然后再送给朱安挑选，剩下的留给自己吃。但朱安总是“把自己放在卑微的后头”，每次只是挑最次的、最小的两三块而已。长期的自卑感造成了朱安精神上的压抑，一家人在一起说笑的时候，她也很少笑，只是在一边坐着，默默地抽着水烟。

在邻居小女孩的眼中，朱安“穿着打扮比较老式，除夏天穿白夏布大襟短衣，下系黑色绸裙外，其他季节的衣服都是色泽较深较暗的，朴素整洁。从外形看，是旧式妇女的典型模样。平日少言寡语，少有笑容。”

1923 年，鲁迅跟周作人决裂，搬到西城的砖塔胡同 61 号。他曾经征求朱安的意见，是留在八道湾陪母亲住，还是回绍兴娘家。朱安想了一想，说："八道湾我不能住，……绍兴朱家我也不想去，你搬到砖塔胡同，横竖总要人替你烧饭、缝补、洗衣、扫地的，这些事我可以做，我想和你一起搬出去。"鲁迅也没别的话说，于是一同搬去。以往大家庭三代人住在一起，倒不觉得什么，现在，夫妻二人朝夕相对，又没什么话可说，那份尴尬可想而知。

有一次，鲁迅生病，吃不下饭，只能吃粥。朱安每次烧粥前，先把米弄碎，烧成容易消化的粥糊，并托人到稻香村等有名的食品商店去买糟鸡、熟火腿、肉松等鲁迅平时喜欢吃的菜，给鲁迅下酒，她自己却不吃这些好菜。平心而论，作为家庭主妇，朱安的厨艺相当不错。"她煎炒的蔬菜，切得很均匀"，"她做的饭菜味美可口"，她对于鲁迅的饮食起居照料得很好。由于生活习惯相同，鲁老太太和她在一起觉得很舒适。对于那些经常造访鲁迅的男女学生，朱安也都亲切地照顾，所以大家都敬重她。

他们住在西三条胡同的时候，晚上会有很多年轻的小老乡到鲁老太太的房间里聊天。有时老太太也会把忙碌了一天的朱安叫过去，她也就到老太太的房间里来一道说说笑笑，她自然是一口地道的绍兴话。在老乡许钦文眼中，"她话说得不多，可是说几句，是富有风趣的"。

有时候，鲁迅教邻居的小孩子做操，朱安也偷偷地在一边看。鲁迅上班后，她再跟小孩子一起学着做。你可以想象一个裹着小脚的中年女人，跟小孩子一起学做操是怎样一幅滑稽的画面，但这"滑稽"却让我们笑不出来。还有一次，鲁迅的学生常维钧前来拜访，天气很热，扇着扇子还出汗，朱安表现得“过分热情”，除泡了两杯热茶外，还热上加热，又送去两碗热气腾腾的藕粉当点心。常维钧接过点心，有些哭笑不得。鲁迅对常维钧摇摇头，苦笑着说：“既然拿来了，就吃吧，无非是再出一身汗而已。”像这种吃力不讨好的事，当然不止一件。

有一次，许广平等几个女师大的学生到鲁迅家里做客，朱安给鲁迅送上一碗热牛奶。当朱安走进屋时，鲁迅恭恭敬敬地起身，站在椅子旁边，等朱安把牛奶放在桌上，鲁迅还欠身点头，连说两声“谢谢”，这简直是相敬如宾的态度了。女学生们看着觉得很不自然，在鲁迅送她们离开时，经过朱安的卧室门口，几个女生突然恶作剧地把鲁迅推了进去，然后把门扣上。鲁迅用了很大力气才把门拽开，怒容满面地说道：“这有什么可以开玩笑的！”

朱安后来说：“我好比是一只蜗牛，从墙底一点一点往上爬，爬得虽慢，总有一天会爬到墙顶的。可是现在我没有办法了，我没有力气爬了。我待他再好，也是无用。”这段话令人动容，既道出了朱安的痛苦和绝望，也折射出鲁迅性格中的执拗与决绝。

尽管如此，鲁迅平时并非不关心朱安的健康。1925 年 9 月初，朱安生病住进山本医院，鲁迅一次又一次前去看望并陪护。9 月 29 日，鲁迅在给许钦文的信中提到朱安生病住院的事：“内子（指朱安）进病院约有五六天（现）已出来，本是去检查的，因为胃病；现在颇有胃癌嫌疑，而是慢性的，实在无法（因为此病现在无药可医），只能随时对付而已。”好在后来经过检测，排除了癌症的嫌疑。

很多人也许会有这样的疑问，鲁迅母亲既然最疼爱自己的大儿子，那为什么给他找一个既不漂亮又没文化的女人做妻子呢？要知道母亲自己也是放了脚的，也是识文断字的啊。在这一过程中，寡居多年的母亲的心理也许是耐人寻味的。中年丧夫，长时间与儿子相依为命，母亲一方面希望为儿子的婚姻做主，让儿子早早有个家，另一方面她也许担心漂亮的女人会影响儿子对自己的爱，有文化的女人也许会不听自己的话。所以最终为鲁迅选择了朱安这样一个既不算漂亮也没什么文化的女人做妻子。当然，这只是我们后人的猜测。同样作为寡母的胡适的母亲，也早早为儿子定下一门亲事，女方江冬秀也是裹脚的。在这一点上，两位新文化运动的巨匠似乎同病相怜。鲁迅本人对母亲的安排看上去没有半点怨言，然而，他在《杂感》中写道："死于敌手的锋刃，不足悲苦；死于不知何来的暗器，却是悲苦。但最悲苦的是死于慈母或爱人误进的毒药……"不知道鲁迅在写这句话时是不是正咀嚼着包办婚姻带给他的痛楚。

后来，鲁老太太也对自己当初的做法颇感后悔，周作人与周建人的婚事自己干脆就不再过问了。

鲁迅与许广平在上海同居后，一直往北京的家里寄钱，维持朱安与母亲的生活。1929 年 5 月，许广平已经怀孕 5 个多月了，鲁迅回北京看望母亲，又见到了他的这位原配夫人。此前，关于鲁迅和许广平之间的事坊间早有传闻，也是众说纷纭。周家二太太羽太信子更是把鲁迅跟许广平之间已经有孩子这样的事告诉了这位大太太朱安。在鲁迅回京之前一两个月，有一天，在饭桌上，朱安对鲁老太太说，自己做了一个梦，梦见鲁迅带了一个孩子回家，她因此很生气。鲁老太太对此不以为然，这有什么好生气的。

后来，朱安在得知周海婴出生之后，也很高兴，她把海婴视为自己的孩子。也许，在朱安的思想深处，她觉得自己没有为周家生儿育女，是最大的罪过。她甚至希望鲁迅早一点儿“纳妾”，为周家延续后代。海婴的出生，让她无端令自己背负的“罪名”得以赦免。她甚至想到在自己死后，还会有海婴给她烧纸、送庚饭、送寒衣……“阎罗大王不会认为她是孤魂野鬼，罚她下地狱，让她挨饿受冻的。于是她精神上得到了安慰，所以很高兴。”

1932年，鲁迅最后一次回北京看望母亲，再一次与朱安见面，在写给许广平的信中，他还是称朱安为“某太太”：“某太太于我们颇示好感。”朱安对于鲁迅以及许广平“颇示好感”，除了性格方面的原因，我想还与她本性善良有关。在鲁迅南下后，二太太羽太信子曾经怂恿她想开点儿，多花点儿钱，她没有听从。后来，羽太信子把自己的父母从日本接到北京，颇为“虐待”。两位老人有苦说不出，经常在朱安面前掉眼泪。从对比中，我们不难看出朱安的善良。

1934年5月，朱安的哥哥朱可铭的儿子想在上海谋份工作，朱安在鲁迅母亲的信中附言，希望鲁迅能够帮忙。鲁迅实在爱莫能助，在回信中说：“力不能堪……请太太自行酌定。”这表明，鲁迅仍然视朱安为自己“法定的”妻子。事实上，鲁迅与朱家的关系一直不错，尤其对这位舅兄朱可铭特别关心，常寄钱给他。逢年过节，朱可铭也会寄绍兴的土特产给鲁迅。朱安对于鲁迅的人格是极为信任的，即使在确信鲁迅不会回到自己身边之后，朱安也曾经说过：“看来我这辈子只能服侍娘娘一个人了，万一娘娘归了西天，从大先生一向的为人来看，我以后的生活他是会管的。”鲁迅也确如朱安所说，一直供养着她。

鲁迅逝世后，朱安断了经济来源。鲁迅曾在遗嘱中声明，家人不得接受别人的赠款。因此，鲁迅死后，朱安也遵守遗嘱，不肯接受别人的赠款。然而，面对无法维持的生活，迫不得已的她登出了出售鲁迅遗物的广告。很多人都劝她，鲁迅的遗物是很珍贵的，不能卖掉啊。朱安说:“我也是鲁迅的遗物，怎么就没有人照顾我呢?”这是何等悲苦的追问!

每到鲁迅逝世纪念日，朱安都要用白薯切片，涂上鸡蛋面粉，炸成鲁迅生前爱吃的“鲁迅饼”，以作纪念。尽管鲁迅视她如路人，但她没有忘记自己是鲁迅的妻子。

1947 年 6 月 29 日凌晨，朱安走完了她孤独的一生，终年 69 岁。临终前，她曾请求把自己的遗体送回上海，与鲁迅合葬，以实现她“生为周家人，死为周家鬼”的心愿。当然，这也是一个无法实现的心愿，她最终被葬在了鲁迅母亲的坟旁，葬在了她服侍了一生的婆婆身边。

鲁迅的婚姻，是一幕令人欲哭无泪的悲剧，但我们不知道在这一出悲剧中应该谴责谁。

以沫相濡亦可哀

——鲁迅与许广平

就像漫长的冬季之后总会迎来繁花似锦的春天，1925 年，鲁迅情感世界的春天终于降临了。

师生恋

1923 年 9 月，鲁迅受聘为北京女子师范大学讲师，为学生讲授《中国小说史》，每星期一小时。鲁迅渊博的学识，幽默的语言，深刻的思想，自然而然深深地吸引了这群渴求知识的女大学生。这些学生中有一个人，后来成为鲁迅生命中最后十年的生活伴侣，她，就是许广平。

许广平（1898—1968），笔名景宋，广东番禺人。她出生于一个士大夫家庭，祖父许应嵘曾任浙江巡抚，到父亲时家道中落；母亲是商人的女儿，能作诗词。她的家庭背景跟鲁迅何其相似。许广平是一名深受五四精神影响的、追求自由与个性独立的青年女性。1922 年，她考入国立北京女子高等师范学校，也就是后来的国立北京女子师范大学。鲁迅正好在这所学校任教，从此，他们走进了彼此的生活。

对许广平来说，每周一次的《中国小说史》简直就是节日。每次上课她都坐在第一排，每次鲁迅提问她都积极发言。然而，对于现实，对于人生，她仍然有着种种困惑。她已经不能满足于每周一次课，而是渴望在更广泛的领域得到鲁迅的指导。于是，1925 年 3 月 11 日，在同学林卓凤的怂恿之下，她鼓足勇气，给仰慕已久的鲁迅写了第一封信。在信中，她提到对女子教育的困惑，她谈到了青年的“苦闷”——也就是现在大学生常说的“郁闷”。她还戏言“救人一命，胜造七级浮屠”，请求鲁迅“救她一命”，对她提供思想上的指导和帮助。落款是“谨受教的一个小学生许广平”。一向乐于帮助青年的鲁迅很快写了回信，针对她的困惑一一提出自己的看法，并在信中称她“广平兄”。

在得到鲁迅的回信后，许广平莫名兴奋，于是有了第二封、第三封……就这样你来我往，仅仅一个多月的时间，他们的感情就由师生之情向男女之情转变了。1925 年端午节，鲁迅请俞芬、许广平等几个女学生到家里吃饭，席间，姑娘们故意把鲁迅灌醉，鲁迅酒后失态，竟发了“酒疯”，“拳打”房东俞芬，“掌击”小鬼许广平之头。酒能乱性，一点儿不假，修炼千年的白娘子尚且不能抵挡雄黄酒的威力而现出原形，鲁迅毕竟是有血有肉的人啊。这场“醉酒”，多多少少让他长期压抑的心灵得以释放。可话说回来，女孩的头是可以随便碰的吗？这酒后失态的一巴掌，也泄露了鲁迅内心的真实情感。从那之后，鲁迅与许广平的感情迅速升温，到 1925 年 10 月，两人最终确立了恋爱关系。为此，许广平写了散文《风子是我的爱》，以泼辣浪漫的文笔表达了她对鲁迅的情感：“它，我不知道降生在什么时候，这是因为在有我的历史以前，它老早就来到这个宇宙和人们结识了吧。风子是什么一个模样的呢？我可说不出，因为自始我就没法子整个地看清楚它，许是因为我太矮小的原因吧！……它——风子——承认我战胜了！甘做我的俘虏了！即使风子有它自己的伟大，有它自己的地位，藐小的我既然蒙它殷殷握手，不自量也罢！不相当也罢！同类也罢！异类也罢！合法也罢！不合法也罢！这都于我们不相干，于你们无关系，总之，风子是我的爱……”这里的“风子”即为风神，代指鲁迅。这样的文字，无疑成了许广平的爱情宣言。

鲁迅是个责任感很重的人，因此也是个顾虑重重的人，他与许广平之间毕竟相差 18 岁，他自己毕竟也是有妻子的人。他曾经跟朋友说过：“其实呢，异性，我是爱的，但我一向不敢，因为我自己明白各种缺点，深恐辱没了对手。”面对和许广平之间迅速升级的爱情，鲁迅不可能没有顾虑。尽管打赢了跟前教育总长章士钊之间的官司，鲁迅也已经没有兴致再在教育部为官了。再说，在妻子朱安的眼皮底下谈情说爱也不是那么回事。因此，北京不宜久留。恰在此时，厦门大学向鲁迅发出了邀请函。鲁迅便与许广平商量，先彼此分开两年，攒一些钱，为今后在一起生活做些准备。1926 年 9 月，鲁迅与许广平携手南下，鲁迅去厦门大学，许广平去广州任教，开始了“为了相聚而分离”的生活。

我可以爱

短暂的分离反而使情感的火焰越烧越旺。鲁迅在厦门大学的 4 个多月的时间里，他与许广平的爱情发展得如火如荼，两人之间平均每 36 小时就有一封信。在信中，他们无话不谈。

例如，鲁迅有一次在信中跟许广平“汇报思想”，谈及班里有“五名女生”，鲁迅信誓旦旦地说：“我决定目不斜视，而且将来永远如此，直到离开厦门，和H. M.相见。”“H. M.”即“害马”的缩写，害马者，害群之马也。这原本是北师大女校长杨荫榆对许广平等学生领袖的蔑称，现在被鲁迅拿来做了对许广平的昵称。字里行间俨然是“取次花丛懒回顾”的姿态。

厦门大学的校园里种满了相思树，有一天，鲁迅看见一头猪在那儿吃相思树的叶子，不禁怒从心头起，相思树可是他相思的寄托，爱情的见证，岂容猪来啃食！于是，鲁迅“便和猪决斗”。正巧一个同事来了，笑着问他：“哈哈，你怎么和猪打起来了?”鲁迅答曰：“老兄，这话不便告诉你。”正所谓，“便纵有千种风情，更与何人说！”

到1926年11月15日，鲁迅在写给许广平的信中明确表达了自己的“困惑”：“常迟疑于此后所走的路……实在难于下一决心，我也就想写信和我的朋友商议，给我一条光。”很显然，这是在探询许广平的意见呢。许广平在回信中以极大的热情鼓励了鲁迅：“你的苦了一生，就是一方为旧社会牺牲。换句话，即为一个人牺牲了你自己。……我们是人，天没有叫我们专吃苦的权利，我们没有必吃苦的义务，得一日尽人事求生活，即努力做去。我们是人，天没有硬派我们履险的权力，我们有坦途有正道为什么不走，我们何苦因了旧社会而为一人牺牲几个，或牵连至多数人。”

“等待的日子里，你比我勇敢！”许广平的信给鲁迅吃了定心丸，他终于下定决心：“我有时自己惭愧，怕不配爱那一个人；但看看他们的言行思想，便觉得我也并不算坏人，我可以爱。”“我觉得现在H. M.比我有决断得多……我对于名誉，地位，什么都不要，只要枭蛇鬼怪够了。”这就是鲁迅，也许只有他可以另类到把自己的爱人称作“枭蛇鬼怪”。

今天看来，鲁迅跟一个比自己小18岁的女学生谈恋爱，不能不有所顾虑。他在国内文化界拥有很高的声望，且又是一个已有妻室的人，无论从个人声誉方面还是从社会舆论方面，他都面临着巨大的压力。就自身而言，他已经45岁“高龄”，且身体条件并不好，在面对许广平的时候，未必全然没有自卑。这一点，从他1929年去北京看望母亲时给许广平写的信中我们不难看出：“我自从到此以后，综计各种感受，似乎我与新文学和旧学问各方面，凡我所着手的，便给别人一种威吓——有些旧朋友自然除外——所以所得到的非攻击排斥便是‘敬而远之’。……所以我配获得我的小莲蓬兼小刺猬。”言下之意，你看我这么厉害，我还是配得上你的。也许直到这时，鲁迅对许广平的那份隐隐的自卑才烟消云散。

有人说：“老年人谈恋爱就像老房子着火。”这话看来一点儿不假。说好了两年之后再见面，刚过了不到半年，鲁迅就受不了相思之苦。当然，一方面他在厦大过得并不舒畅，另一方面广州中山大学又给他发来了邀请函。于是，1927年1月，鲁迅离开厦门向广州进发，投奔爱人的怀抱。到达广州的当天晚上，他就去找许广平。这一对分离4个多月的恋人终于重逢了。

重逢的喜悦让鲁迅感受到爱情的滋味，自己也仿佛变成了一个年轻人。1927年正月初三，他跟许广平一起去越秀公园玩。也许是为了显示自己依然年轻吧，47岁的鲁迅从高处跳下来，结果，崴了脚，好几天走路都是一瘸一拐的。

遮遮掩掩的爱情

然而，鲁迅毕竟是鲁迅，在别人面前，他无法像在公园里那样潇洒。在广州期间，他迟迟不敢公开与许广平之间的关系。在和许广平同住白云楼时，他故意拉着老朋友许寿裳一起住。在写给朋友韦素园的信中，他提到跟许广平住在一起，不忘补充一句“自然还有别人”。这种吞吞吐吐欲言又止的态度，相对于他那些战斗檄文显得过于“委婉”。

1927 年 10 月，到上海后，两人开始正式同居生活，然而鲁迅似乎仍不敢让他们的关系公开化。他们最初住在景云里的一座三层小楼上，鲁迅睡在二楼，许广平睡在三楼，在外人眼

中，这实在是一种莫明其妙的安排。有一回，郁达夫去看望鲁迅，两人谈到中午，郁达夫就约鲁迅、许广平等人一起吃饭。饭后，茶房端上咖啡时，鲁迅以关切的目光向正在搅咖啡的许广平看了一眼，又用充满温情的口吻对许广平说：“密丝许，你胃不行，咖啡还是不吃的好，吃些生果罢。”这个细节，没有逃过敏锐的郁达夫的眼睛，郁达夫后来回忆说：“在这一个

极微细的告诫里，我才第一次看出了他和许女士中间的爱情。”

1928年7月，鲁迅带着许广平和学生许钦文一起到杭州旅行，还是三人住一个房间。鲁迅特意对许钦文说，白天他可以出去玩，但晚上一定要回来，在房间里有三张床，一定要许钦文睡在中间那张床上。在今天看来，这是一种何等古怪的安排。鲁迅用心良苦，又让人觉得有些可笑。后来，许钦文才明白，那次的杭州之行实际上是鲁迅与许广平的“蜜月之旅”，这算哪门子的蜜月啊！

到1929年5月，许广平已经怀孕5个多月了，两人对于同居这件事仍然讳莫如深，没有告诉任何人。后来许广平的姑母来看她，两人一起出门坐公交车，在车上许广平大着肚子忙着照顾姑母，而对一切心知肚明的姑母则总是回过头来照顾她，“小心之状可掬”，许广平明白，姑母这是早就看出来了，只好实言相告。

林语堂有一回跟郁达夫去拜访鲁迅，出来后一脸困惑地问：“鲁迅和许女士，究竟是怎么回事?”郁达夫揣着明白装糊涂，故意反问道：“你和鲁迅在厦大同事过那么久，还要问我吗?”后来，直到他们的儿子海婴即将出世的时候，林语堂才明白他们之间“究竟是怎么回事”。郁达夫对此大笑不止，林语堂则傻傻地说：“你这个人真坏。”

直到孩子即将出生，一切实在无法再“遮掩”下去了，鲁迅才在写给亲戚朋友的信中爆料他俩的关系。你看，鲁迅活得累不累。

从新青年到“贤内助”

作为深受五四运动影响的新青年，许广平当然有自己的追求，她也想通过自己的才华服务社会。初到上海时，许广平曾经和几个旧日同学商量着创办妇女杂志。后来，许广平又请许寿裳帮忙在教育界找点儿事做。不料，鲁迅知道后，沉默了一会儿，说道：“这样，我的生活又要改变了，又要恢复到以前一个人干的生活中去了。”话说到这个份上，许广平也就只好打消了外出工作的念头。只好在家里，“一面料理家务，一面协助他作出版工作”。

从此之后，许广平从一名“五四新青年”，变成了全职太太。她既担任鲁迅的工作秘书，也担任生活助理。鲁迅也结束了居无定所颠沛流离的生活，开始享受家庭生活的温情与安定。1929 年，鲁迅回北京，见到的朋友都说他气色不错，精神也比以前好多了。这里边不能没有许广平的功劳。

合计鲁迅上海十年的工作量，较之在北京、厦门、广州的十年，要多得多，这自然离不开许广平的奉献。1936 年，在《且介亭杂文二集》的后记中，鲁迅曾经对自己的写作量做了这样的统计：“今天我自己查勘了一下：我从在《新青年》上写《随感录》起，到写这集子里的最末一篇止，共历十八年，单是杂感，约有八十万字。后九年中的所写，比前九年多两倍。”许广平在《关于鲁迅的生活》一书中也曾说：“从广州到上海以后，虽然彼此朝夕相见，然而他整个的精神，都放在工作上，……其成就，则以短短的十年而超过了二十年。”章廷谦后来在上海见到鲁迅，他说：“（鲁迅）似乎胖了一些；身上的衣着也比以前整洁得多。我当时虽然没有说什么，心里却很高兴，感到鲁迅先生在日常的生活起居方面，已得到照顾，有了些改变。这该归功于景宋。”

在我们赞叹晚年鲁迅如此高产的时候，我们是否想过，这些成就离不开许广平的倾力帮助，也离不开许广平的自我牺牲。

爱情必须时时创造

1929 年 5 月，鲁迅回北京探望母亲，这是他第一次与一起生活了两年的许广平暂时分离。除去在路上的时间，鲁迅在北京待了 20 天，这 20 天中，两人之间的通信达 21 封之多。这些信跟北京与厦门时期的信比起来，感情更为浓烈、亲昵，算得上真正的情书了。鲁迅刚刚上路，许广平就开始给他写信，倾诉她的牵挂与思念。鲁迅则在到达北京的当天晚上就给许广平写信，报告平安。在信中，他叫许广平“乖姑”，又称她“小刺猬”：“我不知道乖姑睡了没有？我觉得她一定还未睡着……我现在只望乖姑要乖，保养自己，我也当平心和气，度过预定的时光，不使小刺猬忧虑。”由于许广平有孕在身，鲁迅在信中叫她“我的有莲子的小莲蓬”。林语堂认为，鲁迅在中国的出现是非常珍贵难得的，他曾经把鲁迅比喻为“白象”，许广平呢，则称鲁迅为“小白象”。她在回信中说：“你的乖姑甚乖，这是敢担保的，他的乖处就在听话，小心体谅小白象的心，自己好好保养，也肯花些钱买东西吃，也并不整天在外面飞来飞去，也不叫身体过劳，好好地，好好地保养自己，养得壮壮的，等小白象回来高兴，而且更有精神陪他。”他们在通信中，还称呼尚未降生的孩子叫“小小白象”“小小莲蓬”。在另一封信中，鲁迅写道：“这两星期以来，我一点也不颓唐，但此刻遥想小刺猬之采办布帛之类，预为小小白象经营，实是乖得可怜，这种性质，真是怎么好呢。我应该快到上海，去管住她。”

1932 年 11 月，鲁迅第二次回北京探亲，他们之间的通信依然频繁。那时候海婴已经 3 岁，他们在信中称海婴为“狗屁”。鲁迅依旧称许广平为“小刺猬”，许广平则称鲁迅为

"哥"，其浪漫程度丝毫不逊色于21世纪的年轻人。

鲁迅、许广平之间这些看上去有些"肉麻"的情书，印证了鲁迅在《伤逝》中所表达的爱情观："爱情必须时时更新，生长，创造。"即使在婚后，爱情依然可以浪漫。那些在热恋时情话绵绵，而在结婚后热情逐渐冷却的伴侣们，是不是可以从鲁迅、许广平的这些情书中得到启示呢?

当然，他们之间并不总是和谐的。由于年龄的差距，性格的差异，生活习惯的不同，很多时候两人也会起冲突，一般都是许广平让着鲁迅，"小心体谅小白象的心"。刚到上海的时候，有一天傍晚时分，鲁迅还在伏案疾书，许广平把双手轻轻放在他肩上，打算劝他休息一下，想不到换来的是鲁迅满脸的不高兴。许广平本是满心好意，"遇到这么一来，真像在北方极暖的温室骤然走到冰天雪地一样，感觉到气也透不过来地难过"。稍后，鲁迅不得不跟她解释："写开东西的时候，什么旁的事情是顾不到的，这时最好不理他，甚至吃饭也是多余的事。"这件事给许广平留下深刻印象，从此对鲁迅更是处处小心。鲁迅说："当初我就提醒过你，不要跟作家谈恋爱。"许广平说："要不是看在你是老师的分上，我会跟你吵下去的。"

很多时候，面对两人之间的冲突，鲁迅一整天都沉默着。或者既不抽烟也不喝茶，或者半夜里喝很多酒，有时候一个人躺在阳台的地面上，这简直像是在自虐了。当然，这种"沉默对沉默"的情况，"至多不过一天半天，慢慢雨散云消，阳光出来了"。有一本书叫《男人来自火星，女人来自金星》，看鲁迅处理家庭冲突的手法，是典型的"火星人"的风格。

鲁迅每有译著出版都会赠送许广平一本。出版畅销书《两地书》时，鲁迅特意为许广平留出版税。

1934年12月，鲁迅将《芥子园画谱》三集赠送给许广平，并在第三集扉页上题了七绝一首，回顾他和许广平相识相爱十年来并肩战斗、同甘共苦的生命历程。诗云：

十年携手共艰危，以沫相濡亦可哀。

聊借画图怡倦眼，此中甘苦两心知。

1946 年 10 月，在鲁迅逝世十周年的日子里，许广平写了一篇《十周年祭》，回首相伴十年的感情生涯："呜呼先生，十载恩情，毕生知遇，提携体贴，抚盲督注。有如慈母，或肖严父，师长丈夫，融而为一。呜呼先生，谁谓荼苦，或甘如饴，唯我寸心，先生庶知。"这篇祭文，饱含多少相知相爱的深情。

1956 年 10 月 14 日，鲁迅逝世二十周年之际，上海举行鲁迅灵柩迁葬仪式。现场出现了一个意外而感人的细节：忽然一阵风吹来，把覆盖在灵柩上的"民族魂"大旗卷起了一角，许广平取下戴在胸前的一朵米色水钻扣花，把旗子牢牢扣住……当灵柩带着这朵扣花徐徐落入墓穴的时候，许广平的眼泪汩汩而流……

今天，我们在纪念鲁迅的时候，不应该忘记，他有一位相濡以沫的爱人——许广平。

但从心底祝平安

——鲁迅的『绯闻女友』许羡苏

如果问鲁迅一生中通信最多的女性是谁，很多人也许会说："当然是许广平了，有《两地书》嘛。"其实，鲁迅通信最多的女性不是许广平，而是许羡苏。鲁迅与许广平之间的通信在180封左右，而与许羡苏之间的通信则在200封以上。在《鲁迅日记》中更是100多次提到许羡苏。那么，这个许羡苏是何许人也，她为什么跟鲁迅的关系如此密切？

许羡苏（1901—1968），字淑卿，浙江绍兴人，是鲁迅学生许钦文的四妹。她受五四运动的感召，向往个性解放、人格独立，岂料家里早早为她订了婚，这自然是文艺女青年所不能忍受的。1920年，北京大学开始招收女学生，为了逃婚，她来到北京，投奔哥哥许钦文，准备投考北大。那时的许钦文自己尚不能安身立命，如何能够照顾她。在北京找不到住处，她只好求助于自己在绍兴明道女校时的老师周建人，由周建人安排搬进了八道湾，和鲁迅一家人住在一起。许羡苏一口地道的绍兴话，让久别故乡的鲁老太太感到格外亲切，对这个小同乡甚有好感。从此，许羡苏经常陪着鲁老太太和朱安聊天，兼任“老太太和大太太的特约采购员”。在许羡苏的记忆中，第一次见到鲁迅时感觉他是一个十分严肃的人。当时鲁迅刚从外边回家，照例到母亲屋里问安：“姆娘，我回来哉!”看见屋里有人，也没打声招呼就转身走了。后来接触多了，许羡苏才发现，这个大先生其实是个平易近人的人。

后来也是在周建人的帮助下，她考取了北京女子师范大学，和许广平成了同学。当时她积极要求进步，带头剪掉头发，将头发剪得短短的，看上去像个男生，被鲁迅称为“令弟”。

1921 年，周建人起程前往上海，鲁迅就成了许羡苏在北京的监护人。许羡苏转学到男高师的时候，鲁迅还为她担任保证人。后来，许羡苏在男高师课程跟不上，也不习惯，鲁迅又帮她从男高师的生物系转回女高师的数理系学习。

不久，女高师校长毛邦伟下令短发的学生立即把头发养长，而许羡苏正是学校四名短发女生之一。她们谁都不肯遵命，学校又要求她们各自的保证人、监护人、家长“督办”。这毛邦伟本是鲁迅在教育部的同事，鲁迅特地为此去疏通过几次，毛邦伟毫不通融。当时周作人既是许羡苏在女师的保证人，也是女师的教员，他以退还学校聘书的方式进行抗议。女师大当局只得派人来表示妥协，并再次送来聘书。过了一天，周作人陪同许羡苏去女师大报到。鲁迅则写了一篇《头发的故事》，对此事进行嘲讽。文中借“N 先生”之口，抨击学校当局的这种倒行逆施："现在不是已经有剪掉头发的女人，因此考不进学校去，或者被学校除了名么?"后来，鲁迅在杂文《从胡须说到牙齿》中再次提及此事："到民国九年，寄住在我的寓里的一位小姐考进高等女子师范学校去了，而她是剪了头发的，再没有法可梳盘龙髻或S髻。到这时，我才知道虽然已是民国九年，而有些人之嫉视剪发的女子，竟和清朝末年之嫉视剪发的男子相同；校长M先生虽被天夺其魄，自己的头顶秃到近乎精光了，却偏以为女子的头发可系千钧，示意要她留起。设法去疏通了几回，没有效，连我也听得麻烦起来，于是乎'感慨系之矣'了，随口呻吟了一篇《头发的故事》。"这里的"一位小姐"指的就是许羡苏，M先生就是当时的女高师校长毛邦伟。

许羡苏在鲁迅家里先后住过三次，她的主要任务就是帮老太太购物、理财，陪老太太唠嗑。当然，有时候也会帮着鲁迅干活。1922年春天，鲁迅还住在八道湾时，曾和许羡苏一起在院子里种了十几棵柳树。为此，鲁迅拔去了院子里的几棵玉蜀黍，周作人的日本妻子羽太信子到鲁迅母亲那里告状，说鲁迅领学生虐待她。

1923年，鲁迅、周作人兄弟失和，鲁迅不得不迁出八道湾。他在砖塔胡同六十一号的新房子就是许羡苏帮忙介绍的。房子的主人是许羡苏的老同学俞芬。俞芬原本就经常出入鲁迅家，自从搬到砖塔胡同之后，鲁迅就戏称俞芬为"房东"，而不再像以往那样叫她"俞小姐"。许羡苏她们不再像以往那样怕鲁迅，而是感觉到鲁迅的亲切与幽默，甚至敢于跟他开玩笑了。

也就是从这时候起，鲁迅开始赠书给许羡苏。最早的有《呐喊》《中国小说史略》等，后来，鲁迅每出一书，几乎都要送许羡苏一本，一直送到1932年许羡苏结婚为止。从这一点上，也可以看出他们之间的关系的确很“铁”。

1924年，许羡苏在女高师毕业之后，鲁迅介绍她到私立华北大学附属中学当教员。1925年秋，许羡苏无处可住，就住到鲁迅在西三条胡同二十一号的家里。后来，鲁迅又介绍许羡苏到女师大图书馆工作，许羡苏搬到学校里住。1926年“三一八”惨案发生时，由于担心段祺瑞执政府的迫害，鲁迅开始了避难生活。他先后在日本医院、法国医院、德国医院等地避难。这一时期，许羡苏担任鲁迅与家中的联络员，为鲁迅送衣服、文稿、书籍或吃的。有一次，鲁迅在莽原社里避难，许羡苏给他送东西，突然听到有人敲门，出去一看，有三个大学生似的青年，他们问：“鲁迅先生在这里没有?”许羡苏很机警地说：“没有。”然后假装买东西，直到三个人走后很久，她才进去向鲁迅报告情况，请他换了一个地方。“三一八”之后，许羡苏改在翊教女子中学教书。1926年8月，鲁迅离开北京去厦门教书，前去火车站送行的有鲁迅的朋友和学生十四五人，《鲁迅日记》中所记送行的名单中许羡苏列第一位。在南下途中，鲁迅每到一地总要给许羡苏寄一张明信片，报告行程。鲁迅走后，许羡苏第二次搬到西三条胡同二十一号鲁迅的家里，就住在鲁迅书房兼卧室的“老虎尾巴”那间房子里，帮忙处理邮件，照看藏书，管理账目。鲁迅离开北京的时候，虽然也带走了许多书籍，但到厦门后，仍然有许多刊物和书籍要转寄，他与许羡苏之间三天两头有书信往还。大多是托她找书、寄书的。一边是上百次的托付，一边是不厌其烦的帮助，这表明鲁迅对许羡苏的绝对信任，也表明他们之间非同一般的情谊。

鲁迅离京后，许羡苏一直牵挂着他。鲁迅在厦门时，曾收到过许羡苏寄来的两件绒线衣。鲁迅到上海后，许羡苏又为他织过一条毛线围巾和一件毛线背心。谁知道这一针一线中究竟织进了姑娘多么深厚的感情。

关于鲁迅与许羡苏之间的关系，早在北京期间，就在朋友中有所传闻。鲁迅的学生孙伏园曾向人说过："鲁迅不但常有男学生，也常有女学生，有两个最熟，但 L 是爱长的那一个的。他是爱才的，而她最有才气，所以他爱她。"这里说的"长的"那个，是指许广平，而另一个是许羡苏。无论如何，许羡苏是鲁迅周围的女性中"最熟"的两位之一，这一点是无可否认的。但"最熟"，并不意味着一定有暧昧关系。当然，对于心思细腻的女孩子来说，与自己仰慕的大先生鲁迅相识多年，甚至相处多年，产生复杂而微妙的情感也应该是情理之中的事。只是，这份情感也许从未明确地表达出来。

在日本中村龙夫所作的《封建婚姻的牺牲者——朱安》一文中，有一段很具体的描写："有时朱安把沏好的茶送到丈夫房间里去时，两人（鲁迅与许羡苏）就急忙把话停下来了。羡苏斜着眼看窗外，朱安在这个女学生身上有看到女人的感觉。"这一段，看上去更像是小说。不知是作者采访当事人后的记录，还是出自他的想象。

1929 年 5 月，鲁迅第一次回北京探亲，自然再次见到还住在他家里的许羡苏。许羡苏告诉鲁迅，朱安曾经梦见他带着一个孩子回家来了。当时，关于鲁迅与许广平的传言颇多，许广平已经怀孕六个月了，他们一直对外"封锁消息"。许羡苏这样问，与其说是向鲁迅汇报大太太的表现，不如说是在探一探鲁迅的口风。鲁迅便把自己与许广平同居以及怀有孩子的消息告诉了她。我们不知道许羡苏当时的感受如何，在写给许广平的信中，鲁迅是这样表述的："她并不以为奇，说，这是也在意中的。”

当时，鲁迅的学生李秉中要结婚，鲁迅便托许羡苏买了一块绸子衣料，当作贺礼送去。许广平的闺蜜林卓凤向许羡苏打听，“听说鲁迅有要好的人了，结过婚了没有”。许羡苏却答以“不知道”。这是一个耐人寻味的回答，是不是女孩子更愿意独享这个关于鲁迅的“秘密”呢？

马蹄疾在《鲁迅生活中的女性》一书中写道：“1929 年许羡苏从鲁迅口中知道已经和许广平在上海同居的消息，即于次年三月离开了‘老虎尾巴’，去大名河北第五女子师范学校任教。”这段话的意思好像在告诉人们，许羡苏似乎一直在等着鲁迅，直到确认鲁迅已经和许广平同居，才彻底“死了心”，离开了鲁迅的家。其实，许羡苏完全可以从她的哥哥许钦文那里获知鲁迅与许广平之间的信息，毕竟，许钦文在 1928 年 7 月就曾经陪着鲁迅和许广平在杭州度过“蜜月”了。再说，许羡苏离开鲁迅家是 1931 年，而不是“次年”（1930 年）。许羡苏去河北教书也完全是出于个人生活的需要，将她的离开跟鲁迅与许广平的同居联系在一起，未免有演义的成分。

1931 年，许羡苏离开鲁迅的家往河北第五女子师范去的前夕，曾把鲁迅的来信捆成一包交给了朱安。可惜，不知何故，后来在整理鲁迅故居时，这些信并没有找到。马蹄疾在他的《鲁迅生活中的女性》一书中对鲁迅与许羡苏之间的这些通信有自己的“理解”：“我想这近二百封的通信，不可能仅只取书、取拓片这样一个内容吧！但仅就这一点，也可说明他们之间师生感情绝非一般……”而香港中文大学的孔慧怡在《字里行间：朱安的一生》中则有这样的“分析”：“当许羡苏在 1931 年离开北京前夕，把一大包与鲁迅的通信交给朱安时，朱安实在不知所措。许羡苏和鲁迅的关系曾经非常密切，而目不识丁的朱安只能猜测书信的内容，也不清楚许羡苏为什么要把信交给她。她无法预测如果把信寄往上海，会引起什么后果，所以就把信藏在箱子里。鲁迅死后，她更感到这些信难以处置，因此可能在鲁迅死后不久或她自己去世前把信毁了。”马蹄疾也罢，孔慧怡也罢，他们的这些文字，看上去都像是一种猜测，而这种猜测似乎更容易引导读者把鲁迅与许羡苏的关系神秘化。在马蹄疾的另一本书《我可以爱：鲁迅的情恋世界》中，当谈及许羡苏与鲁迅的关系时，则干脆使用了“难以吐露的情愫”这样一个更加暧昧的题目，似乎更能引发读者的联想。

在遇到许广平之前，鲁迅跟许羡苏之间的感情如何，我们不敢妄加猜测。但鲁迅跟许广平恋爱之后，不太可能再与许羡苏之间有超越师生乃至朋友关系的感情了，这一点似乎不难理解。如果鲁迅与许羡苏之间的通信内容真有一些“不太合适”的地方，许羡苏也不会把所有信札都交给朱安保管，即使朱安不识字，她也应该顾及日后有可能被许广平看到，这对维护鲁迅与许广平的感情生活是不利的。从这些因素考虑，那些信应该没有什么特别的内容。

耐人寻味的是鲁迅、许羡苏之间的故事背后所传递的信息。之所以会有那么多人愿意相信鲁迅与许羡苏之间的关系不一般，也许还是缘于人们对名人个人生活的过度好奇心。人们似乎总愿意听到或看到名人的情感生活更丰富多彩一些。无聊的人们借此可以获得一些谈资，关心鲁迅的人们，也许可以因此而得到些许安慰——你瞧，鲁迅的情感世界并不是那么单调枯燥嘛。毕竟，许羡苏自 1920 年起就与鲁迅认识，而许广平则是在 1925 年之后才介入鲁迅的生活，前后相隔 5 年的时间。在鲁迅的生活中增加 5 年温暖的时光，难道不是喜欢鲁迅的人所乐见的吗?

但是，事实毕竟不容虚构。目前所有关于鲁迅与许羡苏之间关系暧昧的文字似乎仍属于猜测的范畴。许羡苏的女儿余锦廉在《我谈“鲁迅与许羡苏”》一文中指出：“许羡苏在‘太师母’眼里，差不多就是周家的亲人；但是，亲人和情人却有着根本的区别。”这段话，也许是对鲁迅与许羡苏关系的最接近事实真相的解读。

枯坐终日，极无聊赖

——官员鲁迅

在人们的心目中，鲁迅一直不遗余力地批判传统文化，批判种种社会现象，他似乎应该跟政府是格格不入的吧。然而，很多人也许忽略了一个重要的事实：鲁迅长期以来是一个“在政府”的人，是在中华民国教育部做“官”的人。

1912 年元旦，中华民国临时政府在南京成立，蔡元培先生担任教育总长。在教育部工作的许寿裳向蔡元培推荐鲁迅，蔡元培也久闻鲁迅大名，“正拟驰函延请”。于是许寿裳连写两封信给鲁迅，催他去南京教育部工作。恰巧鲁迅在绍兴山会初级师范学堂校长这个位置上干得挺不顺心，正要辞职。他便迅速办理了交接手续，离开绍兴到南京临时政府教育部担任部员。

当时蔡元培作为南京临时政府的迎袁专使，去北京迎接袁世凯南下。说来好险，在这期间，教育次长景耀月私下拟定了一份向北京中华民国政府教育部推荐任用干部的名单，准备送请大总统府任命，竟把鲁迅的名字划掉。幸而蔡元培于一个月后返回南京，制止此事，要不然，鲁迅可就要“下岗”了。后来，鲁迅在写给许广平的信中曾谈及这段生活：“说起民元的事来，那时确是光明得多，当时我也在南京教育部，觉得中国将来很有希望。自然，那时恶劣分子固然也有的，然而他总失败。”不知道这“恶劣分子”是不是也包括这位景次长。

众所周知，在袁世凯的操纵下，民国政府最后不得不定都北京。南京教育部也随之北迁。1912 年 5 月 5 日，鲁迅抵达北京。第二天，他坐上骡车去教育部报到，从此开始了在北京教育部长达 14 年的任职生涯。

在正式工作 3 个多月后，1912 年 8 月 21 日，鲁迅等 32 人被临时大总统袁世凯任命为教育部佥事。所谓“佥事”，属于部内官员，分掌各厅、司事务，常兼任科长，地位则略高于科长。

说到这儿，我们不能不提及鲁迅与袁世凯的关系。他在教育部的命运跟当时的大总统袁世凯的确有密切的关系，鲁迅本人也至少两次见过袁世凯。按当时官制，“参事”“佥事”都由总长推荐，总统任免。1913 年 12 月 25 日，教育部根据临时大总统袁世凯公布的参议院议决《修正教育部官制》的规定，进行大规模裁员，佥事由 32 名减为 18 名，鲁迅幸而不在被裁之列。再后来，1915 年 2 月 23 日，鲁迅接受了袁世凯授予的五等嘉禾勋章。当时袁世凯制定勋章等级，大勋章为总统佩戴，下分九等，均刻嘉禾，以绶色分别等级，称嘉禾勋章。也就是说，当时鲁迅在教育部的职务都是由袁世凯亲自任命的。

1912 年 8 月，时任中华民国临时大总统的袁世凯指定 3 位教育部荐任科长周树人（鲁迅）、许寿裳和钱稻孙共同设计国徽。他们三人本打算以龙为主体图案，考虑到当时龙已备受抨击，遂改为以“十二章”为主体图案。“十二章”指的是日、月、星辰、山、龙等古代礼服常见的十二种吉祥花纹图案，“美德之最，莫不赅备”。后来由钱稻孙绘图，鲁迅撰写说明。他们于8月28日完成设计，也完成了袁大总统交代的任务。中华民国国徽最终采用了陆皓东设计的青天白日的造型，当然，这已是后话了。

鲁迅第一次见到袁世凯是在1912年12月26日，他与教育部同仁一道去铁狮子胡同总统府拜见袁世凯。据《鲁迅日记》记载：“同教育部员见袁总统，见毕述关于教育之意见可百余语，少顷出。”据同去的林冰骨回忆说，袁世凯“那天的说辞虽然空洞冗长，但除去反复说他以前在北洋大臣任内，曾编辑教科书数种来自我夸耀外，凡对于民国的新教育的方针和宗旨便毫无认识。在座的我同鲁迅先生他们，也只好相视一笑。”

查1916年6月14日的《鲁迅日记》，有“向虞叔昭借衣”一句，鲁迅干吗要向虞叔昭借衣服穿呢？再看次日的日记，“上午部派赴总统府吊祭，共五人”。原来，袁世凯死后，国务院公布丧事条款：自殓奠后一日起至释服日止，在京文武各机关除公祭外，按日轮班前往行礼。又按奠祭事项规定，入祭者需着大礼服，因此6月14日的日记有“向虞叔昭借衣”事。这大概是鲁迅与袁世凯的最后一次“见面”了。所以我们说，鲁迅在教育部的工作跟袁世凯是有“关系”的。

回到最初的任命，1912年8月21日，鲁迅被任命为佥事之后，8月26日，鲁迅又以佥事之职被委任为社会教育司第一科科长。社会教育司主要负责博物馆、图书馆、动植物园、文艺、音乐、演剧、调查及搜集古物、通俗教育及讲演会等多项事务。可以说，在任职初期，鲁迅对于工作是满腔热情的。鲁迅本来也是愿意做官的，他在 1918 年 1 月 4 日写给许寿裳的信中谈到改造“国民性”的措施时，是这样说的：“若问鄙意，则以为不如先自做官，至整顿一层，不如待天气清明以后，或官已做稳，行有余力时耳。”这说明，鲁迅曾经视做官为改造“国民性”的重要途径。

然而，鲁迅的做官历程也并非一帆风顺。1912 年暑假期间，教育部为普及社会教育，举办夏期讲演会，就政治、哲学、佛教、经济、文化教育等科目对教育工作者进行培训，邀请中外学者讲演，鲁迅被聘讲《美术略论》。在一个月的时间里共讲演四次，每次讲一个钟头。第一次上课时听课的有 30 人，中间有五六人退场；最后一次课情况更惨，开始只来了一名学员，到最后才陆陆续续又有来听讲的，终于凑够了 10 人。对于精心准备的教学，听者寥寥，鲁迅心里的落寞可想而知。不过这次暑期培训，鲁迅获得了 10 元补助，讲课费还是蛮高的。

后来，蔡元培辞去教育总长之职，出任北大校长。1912 年 7 月 15 日，教育部部员开会送别蔡元培。鲁迅在当天的日记中写道：“下午部员为蔡总长开会送别，不赴。”也许鲁迅不愿意跟部里的同事扎堆吧。直到 7 月 22 日才“饮于陈公猛家，为蔡孑民（元培）饯别”。继任的教育总长是范源濂，鲁迅对这个新任的范总长颇不以为然，听了他的演说之后，感觉“其词甚怪”。后来，范总长辞职，而代以海军总长刘冠雄，刘总长到教育部演说少顷，鲁迅认为，他的演说“不知所云”。1913 年，汪大燮担任教育总长期间，积极响应袁世凯的“尊孔”主张，要求部员去国子监祭拜孔子。1913 年 9 月 28 日，鲁迅在日记里难得地详细记录了当时的情景：“二十八日。

星期休息。又云是孔子生日也。昨汪总长令部员往国子监，且须跪拜，众已哗然。晨七时往视之，则至者仅三四十人，或跪或立，或旁立而笑，钱念敂又从旁大声出骂，顷刻间便草率了事，真一笑话。”1914 年 5 月 12 日，鲁迅在日记中对刚刚到任的教育次长梁善济予以讥讽：“山西人，不了了。”到 1916 年 7 月，范源濂第二次担任教育总长，再次提出要“祭孔读经”，鲁迅和杨莘士、许寿裳等从浙江同来教育部任职的六人联名写信，坚决反对。为此，范源濂恼羞成怒。后来，范源濂陆续把反对他的人排挤出外，名义上是外放厅长，实际上明升暗降。鲁迅因为是社会教育司的，所以无法把他弄到外地去。不过，得罪了总长，鲁迅要想在教育部混好是不可能了。

新年伊始，教育部总要举办茶话会，鲁迅对这种活动向来并不热心。1914 年的茶话会，他是这样记载的：“上午九时部中开茶话会，有茶无话，饼饵坚如石子，略坐而散。”1918 年 1 月 4 日，教育部照例举办每年一度的新年茶话会。会上有新任教育总长傅增湘的演说。鲁迅在同日写给许寿裳的信中说：“女官公（指傅增湘）则厌厌无生意，略无动作。今日赴部，有此公之腹底演说，只闻新年二字，余乃倾听亦不可辨，然仆亦不复深究也。”到 1922 年，鲁迅的旧友汤尔和出任教育总长。汤尔和原本不过是一家医学专门学校的校长，1914 年新年汤还到教育部访过鲁迅，“似有贺年之意”。

历届教育总长中，与鲁迅关系最差的当然是章士钊。1925 年，此公因为“女师大学潮”事件跟鲁迅闹得不可开交，甚至开除鲁迅公职。鲁迅可不是好欺负的，他立刻写了起诉书，向平政院状告章士钊非法。最后，经过半年的时间，官司以鲁迅获胜告终。平政院裁定章士钊撤销鲁迅之职非法。尽管鲁迅为打官司交纳诉讼费 30 元，但“不蒸馒头争口气”，这钱花得值。

总之，在蔡元培之后，民国政府走马灯似的换了一任又一任教育总长，在鲁迅1926年去职前，教育部总共更换过38任教育总长，24任教育次长。这些人中，让鲁迅看得上眼的却没几个。

当然也有例外，鲁迅跟教育次长董恂士关系就不错。本来，董恂士因教育部经费支绌，种种主张不能实行，且因中央学会选举问题引起轩然大波，早就想辞职。1913年4月21日，教育总长陈振先未与董商议，任用私党四人为教育部官员，董益感不满，而提出辞职。不久，陈振先因受到教育部内外的反对，也提出辞职。5月1日，袁世凯准陈振先辞去教育总长，并令董恂士代理部务，董拒不就任。领导不来上班，部员进教育部办公者亦寥寥无几。于是大伙推鲁迅等请董速出维持部务。看来鲁迅跟董恂士关系不错，第二天，董恂士特意回访鲁迅。到5月7日，董恂士到部视事。

下面我们来说说鲁迅在教育部的具体工作。在教育部社会教育司工作期间，鲁迅的一项重要工作就是参与整理、扩充京师图书馆。

京师图书馆，创始于1909年（宣统元年），馆址在什刹海附近广化寺内，1912年4月由教育部接管。最初京师图书馆馆长是江叔海，1913年江调任四川盐运使。教育部经费总是捉襟见肘，因此决定京师图书馆暂不设馆长，由社会教育司司长夏曾佑兼职，但实际工作却落在鲁迅等人的头上。由于京师图书馆所在的广化寺地处僻远，房屋破旧潮湿，不宜保存书籍，鲁迅不得不东奔西走，四处物色新的图书馆馆址。同时，教育部因京师图书馆的特殊地位，决定予以扩充，特派鲁迅等会同该馆人员清理图书、账目。鲁迅又为此忙得“头脑涔涔然”。

为了充实京师图书馆的藏书，教育部先后从全国各地调来大批官书。1913 年，又从热河避暑山庄文津阁调出《四库全书》36000 多册。想不到，这批藏书刚到北京就被内务部给截留了。后经多次交涉，到 1914 年 8 月，内务部才致函教育部同意移交。教育部接函后，即派鲁迅等人前往内务部协议移交《四库全书》办法，直到 10 月 12 日移交工作才告结束。

1917 年 1 月 26 日，该馆在安定门内方家胡同清国子监南学旧址开馆。在鲁迅负责该馆工作期间，1917 年 4 月，该馆获得接受国内出版物呈缴本的权利，并入藏了《永乐大典》残本。

总之，鲁迅对京师图书馆的迁移、建设和发展做过许多努力，花费不少心血。当然，鲁迅也曾利用京师图书馆的藏书写作《中国小说史略》等书。

1920 年 4 月，鲁迅被派往午门整理德国商人俱乐部藏书。德国在欧战中战败后，上海德国商人俱乐部所藏德、俄、英、法、日等文书籍由教育部作为战利品接收，堆放在午门楼上进行分类、整理。鲁迅参加这项工作，负责审阅德、俄文书籍。这项工作持续了半年多的时间。后来鲁迅翻译《工人绥惠略夫》的底本即来自这批德文书，这也算是“利用职务之便”吧。

参与筹建历史博物馆是鲁迅早期在教育部的另一项工作。

1912 年 7 月，教育部决定在国子监筹设历史博物馆。由于该馆之筹建工作由社会教育司第一科负责，所以鲁迅有时候会前往国子监和孔庙进行实地考察。有一次，在国子监“见古铜器十事及石鼓，文多剥落，其一曾剜以为臼”。鲁迅在日记里感慨道：“中国人之于古物，大率尔尔。”

抱怨归抱怨，鲁迅对于博物馆的工作还是相当用心的。

1913 年 11 月，历史博物馆送藏品 13 种至教育部，这是德国人米和伯征集的用来参加莱比锡“万国书业雕刻及他种专艺赛会”的展品，相当珍贵。为了保护这批文物，鲁迅特意回住处拿来两条毯子，晚上就住在教育部中。这是何等谨慎认真的工作态度。

从 1912 年到 1925 年，鲁迅为建立历史博物馆做过很多工作，还多次把自己收集的文物无偿送给该馆。1921 年 3 月 23 日，鲁迅为历史博物馆购买瓦当两个。1923 年 7 月 23 日，他把自己买的一面古镜赠送历史博物馆。

1925 年 4 月 20 日，鲁迅特意带领女师大学生参观历史博物馆。许广平回忆这次参观的情况时说：“原来这个博物馆是教育部直辖的，不大能够走进去，那时先生在教育部当佥事，所以那里的管事人都很客气地招待我们参观各种陈列：有大鲸鱼的全副骨骼，各种标本，和古时用的石刀石斧，泥人，泥屋，有从外国飞到中国来的飞机，也保存在一间大房子里。有各种铜器，有一个还是鲁迅先生用周豫才名捐出的。其他平常看不到的东西真不少，胜过我们读多少书，因为有先生随处给我们很简明的指示。”

此外，鲁迅还曾奉教育总长傅增湘之命赴国子监西花厅参与整理“大内档案”。所谓“大内档案”，是指清朝存放在内阁大库里的调令、奏章等有关明末和清朝历史的原始资料。辛亥革命后，北洋政府教育部在国子监设立历史博物馆筹备处，目的之一是准备清理这些文件。这些文件被装成八千麻袋，放在国子监的“敬一亭”里。1917 年 12 月，傅增湘任教育总长，他是藏书和考古的名人，因为听说“麻袋里定有好的宋版书”，就令鲁迅和另一人前去整理。两天后，教育部次长袁希涛也因为发现了有“宋元版本”的残书夹杂在里边，而兴致勃勃地赶来了。他们把鲁迅等拣出来的拿去看，但“等到送还的时候，往往比原先要少一点”。鲁迅后来在《谈所谓“大内档案”》一文中感慨地说：“中国公共的东西，实在不容易保存。如果当局者是外行，他便将东西糟完，倘是内行，他便将东西偷完。”

1924 年 12 月 20 日，鲁迅被教育部任命为清室善后委员会顾问。该会由李石曾任委员长，蔡元培等十四人任委员，负责清点、登记、整理、保管故宫的历代文物。第二年，鲁迅又被教育部加派为清室善后委员会助理员。

除了图书馆和博物馆的事务，鲁迅还参与策划组织了各类展览会。

1912 年 9 月，教育部决定举行全国儿童艺术展览会。到 1913 年 3 月，各地展品陆续送到北京，于是鲁迅跟社会司夏曾佑司长一起开始选择会场。在布置儿童艺术展览会的过程中，鲁迅事必躬亲，有时候一干就是一整天，十分辛苦。后因反袁的“二次革命”爆发，展览会延至 1914 年 4 月才开幕。展会期间，鲁迅经常前往值班。

1914 年，中国政府决定参加在美国旧金山举办的“巴拿马太平洋万国博览会”。教育部召开儿童艺术展览会展品审查会，会议决定派鲁迅和陈师曾等负责挑选送往巴拿马万国博览会的展品。鲁迅他们从 5 月 25 日开始审查展品，6 月 24 日告竣，共选出 104 种 125 件送交筹备巴拿马赛会事务局。巴拿马万国博览会是中国参加的第一次规模空前的向世界展示经济水平的历史性盛会。中国参展品达 10 余万种，共获奖章 1218 枚，为参展各国之首。人们也许不知道，这些展品中同样凝聚着鲁迅的心血。

1915 年 8 月，教育部开始筹备全国专门以上学校成绩展览会，鲁迅被任为干事。参加展出的学校共 68 所，1916 年 3 月 15 日展览会在教育部礼堂开幕，到 4 月 15 日结束。此次展览会的成功举办，自然也离不开鲁迅的辛勤工作。他也因筹办此事，得到教育部颁发的三等奖章。

鲁迅在教育部的其他工作，自然也还有不少。例如，他曾与同事一起赴天津考察新剧；他曾被指定参与编订社会教育规程草案；他曾被指定为通俗教育研究会会员；他曾作为部内专家应邀出席教育部召开的课程改进研讨会；他还被任命为教育部"国歌研究会"的干事，参与审定国歌；他还曾作为部内专家参与制定拼音字母的工作；他曾被教育部指派为通俗教育研究会小说股主任，后来，鲁迅因为工作繁重辞去该项兼职，改任小说股审核干事。

有时候，中小学校庆也会请鲁迅这样的教育部官员到场以壮声威。参加这类活动属于鲁迅的职责范围，不去自然不好，但他向来讨厌繁文缛节，所以往往"小立便退"。有时候，来了所谓的专家与领导座谈，鲁迅也不得不作陪。例如，1913 年 2 月 13 日，鲁迅在日记中写道："下午有美国人海端生者来部，与次长谈至六时方去，同坐甚倦。"

需要补充一点，鲁迅在教育部有过短暂的离职经历。那是 1915 年 7 月 1 日，"辫帅"张勋拥戴末代皇帝溥仪"登极"，演出复辟闹剧，鲁迅于 7 月 3 日愤而脱离教育部，以示抗议。两周后，复辟闹剧结束，鲁迅才回教育部复职。

当时的教育部到底是北洋军阀政府下的官僚机构，很多人都是"做一天和尚撞一天钟"，认真做事的人很少。虽然教育部有签到制度，但没多少人认真执行。鲁迅自己对工作也颇觉没劲，有时候刮风下雨，也就不去上班了，有个头疼脑热，就更不用上班了，或者找各种借口逃会。在这样的环境里打发日子，用现在的话说，那叫一个郁闷。难怪鲁迅在他的日记里这样记录做官的感受："枯坐终日，极无聊赖。"后来，鲁迅也仅仅把教育部工作视为养家糊口的手段，而教育部经常拖欠工资，这份职业也就越发带有鸡肋的味道。

到 1926 年，由于"三一八"惨案的发生，鲁迅写了一系列文章抨击政府，据说他上了政府的通缉名单。再者，他与章士钊打完官司之后，对教育部的工作已经意兴阑珊了。另一方面，他与许广平的恋情正发展成星火燎原之势，北京毕竟还有原配夫人朱安。在这种情况下，鲁迅决定离开北京教育部，南下厦门大学，从此结束了他长达 14 年的做"官"生涯。

我以我血荐轩辕

——爱国者鲁迅

鲁迅是一个伟大的爱国者。然而，鲁迅在世的时候，就有人骂他是“汉奸”。直到今天，这种骂鲁迅为“汉奸”的声音仍然不绝于耳。在我看来，讨论鲁迅究竟是爱国者还是“汉奸”这个问题本身就是对先生人格的亵渎。然而，这又是一个不能不直面的话题。

让我们先来看看鲁迅留学日本期间的表现吧。

1903 年，23 岁的鲁迅在他的《自题小像》一诗中写道：“灵台无计逃神矢，风雨如磐暗故园。寄意寒星荃不察，我以我血荐轩辕。”何等血性，何等芳洁！直到今天，这样的诗句仍然激励着无数真正的爱国者。

这个希望“战争时候便去当军医”的年轻人；

这个梦想通过医术“促进国人对于维新的信仰”的年轻人；

这个专程拜访明末反清爱国志士朱舜水流寓日本的遗迹的年轻人；

这个在班中第一个剪掉辫子，并拍摄断发照片，寄赠亲友，以表达反抗种族压迫的年轻人；

这个早在1904年寒假期间，就秘密参加了“光复会”的年轻人；

这个听回国的同学说起上海的官绅对于国难当头无动于衷，黄浦江畔依然灯红酒绿醉生梦死，就痛心疾首的年轻人；

这个因为“幻灯片事件”而毅然决定弃医从文，决心以改变国人精神为己任的年轻人。

他，究竟算不算爱国者?

鲁迅初到日本时，正值清政府甲午战败不久。留学生走在街上，常常遭到日本少年的辱骂，大伙听了十分气愤。鲁迅说：“我们到日本来，不是来学虚伪的仪式的。这种辱骂，倒可以编在我们的民族歌曲里，鞭策我们发愤图强。”

后来，鲁迅不再迷信维新了，他认为改良必败，只有革命才会有出路，而且誓做“革命党之骁将”。同学们笑着说：“斯诚越人也，有卧薪尝胆之遗风。”

鲁迅和好友许寿裳在一起聊天时，谈到历史上中国人的生命太不值钱，尤其是做异族奴隶的时候，相对凄然。当时他们经常讨论关于民族性的三个问题：怎样才是理想的人性?中华民族中最缺乏的是什么?它的病根何在?纵观鲁迅一生的文字，似乎都在为这几个问题寻找答案。

1903年1月，鲁迅与陶成章、许寿裳等29名绍兴籍留日学生在东京联名发出《绍兴同乡公函》。劝导绍兴乡人出国留学，吸取外国先进的文化科学技术，以挽救危亡的祖国。他们呼唤乡人“求智识于宇内，搜学问于世界”，以“惊醒我国人之鼾梦，唤起我国人之精神”。

1903年，沙俄企图吞并我东三省，为了唤醒民魂，鲁迅发表了他翻译的历史小说《斯巴达之魂》。文中热情歌颂斯巴达男女青年遵循“一履战地，不胜则死”的国法，敢于以寡敌众，血战到底的爱国牺牲精神，借以激励国人为拯救危亡的祖国而战。

1903 年 10 月，浙江各界人士和浙籍留日学生声讨当地富商高尔伊出卖浙东四府矿权，责令其废约。在此运动中，鲁迅发表了《中国地质略论》，大声疾呼：“中国者，中国人之中国。可容外族之研究，不容外族之探险；可容外族之赞叹，不容外族之觊觎者也。”

日俄战争爆发后，很多留学生痛恨沙俄强占我国东北，而对日本帝国主义的看法尚不一致，甚至对日本寄予同情和幻想。鲁迅对同学说：“日本军阀野心勃勃，包藏祸心，而且日本和俄国邻接，若沙俄失败后，日本独霸东亚，中国人受殃更毒。”历史证明，鲁迅的预见何等准确，清醒的爱国者比盲从的爱国者更可敬。

如果爱国指的是对本国的一切赞不绝口，津津乐道于我们国家“物产丰富”“人口众多”，那么，鲁迅算不上爱国者。

当时有些爱国青年，只知道在文章里夸耀中国地大物博。看得多了，鲁迅叹息说：“倘是狮子，夸说怎样肥大是不妨事的，如果是一口猪或一匹羊，肥大倒不是好兆头。”在《拿来主义》中，他也表达了类似的思想：“有人说，掘起（中国）地下的煤来，就足够全世界几百年之用。但是，几百年之后呢？几百年之后，我们当然是化为魂灵，或上天堂，或落了地狱，但我们的子孙是在的，所以还应该给他们留下一点礼品。要不然，则当佳节大典之际，他们拿不出东西来，只好磕头贺喜，讨一点残羹冷炙做奖赏。”

如果爱国指的是对本民族的缺陷视而不见，一味地赞美历史悠久传统优秀，那么鲁迅也算不上爱国者。

在《狂人日记》中，他就曾借狂人之口，把中国历史概括为“吃人”的历史。在《灯下漫笔》中，鲁迅指出：“任凭你爱排场的学者们怎样铺张，修史时候设些什么‘汉族发祥时代’‘汉族发达时代’‘汉族中兴时代’的好题目，好意诚然是可感的，但措辞太绕弯子了。有更其直截了当的说法在这里——一，想做奴隶而不得的时代；二，暂时做稳了奴隶的时代。”“我们在目前，还可以亲见各式各样的筵宴，有烧烤，有翅席，有便饭，有西餐。但茅檐下也有淡饭，路旁也有残羹，野上也有饿殍；有吃烧烤的身价不资的阔人，也有饿得垂死的每斤八文的孩子。所谓中国的文明者，其实不过是安排给阔人享用的人肉的筵宴。所谓中国者，其实不过是安排这人肉的筵宴的厨房。不知道而赞颂者是可恕的，否则，此辈当得永远的诅咒！”

内山完造写过不少关于中国的文章，鲁迅说：“老板，你的漫谈太偏于写中国的优点了，那是不行的。那么样，不但会滋长中国人的自负的根性，还要使革命后退，所以是不行的：老板哪，我反对。”他曾经说过：“中国的文化也有美丽的地方，但丑恶的地方实在太多，正像一个美人生了遍体的恶疮。若要遮她的面子，当然只好歌颂她的美丽，而讳隐她的疮。但我以为，指出她的恶疮的人倒是真爱她的人，因为她可以因此自惭而急于求医。”

如果爱国指的是一味地赞美本国人民勤劳善良，道德高尚，那么，鲁迅也算不上爱国者。

鲁迅很早就看到了中国人公德意识的淡薄，在《再论雷峰塔的倒掉》一文中，他说：“雷峰塔砖的挖去，不过是极近的一条小小的例。龙门的石佛，大半肢体不全，图书馆中的书籍，插图须谨防撕去，凡公物或无主的东西，倘难于移动，能够完全的即很不多。……岂但乡下人之于雷峰塔，日日偷挖中华民国的柱石的奴才们，现在正不知有多少！”甚至，他还说过这样“极端”的话：“我向来是不惮以最坏的恶意来推测中国人的。”

鲁迅对那些喜欢“过嘴瘾”的“爱国者”的逻辑有过生动的描述：“你说中国不好，你是外国人么？为什么不到外国去？可惜外国人看你不起。你说甲生疮，甲是中国人，你就是说中国人生疮了……我骂卖国贼，所以我是爱国者，爱国者的话是最有价值的，所以我的话是不错的，我的话既然不错，你就是卖国贼无疑了。”对这种所谓的爱国，他更有着一针见血的评价：“中国人向来有点自大。——只可惜没有‘个人的自大’，都是‘合群的爱国的自大’。这便是文化竞争失败之后，不能再见振拔改进的原因。”他说：“我所怕的，是中国人要从‘世界人’中挤出。”用现在的话说，这叫“开除球籍”。

如果爱国指的是爱政府，那么鲁迅更算不上爱国者。

尽管他曾在教育部任职 14 年，但他对民国各级政府的嘲讽与批判似乎从未停止过。在《“友邦惊诧”论》中，先生的文笔痛快淋漓：“好个‘友邦人士’！日本帝国主义的兵队强占了辽吉，炮轰机关，他们不惊诧；阻断铁路，追炸客车，捕禁官吏，枪毙人民，他们不惊诧。……好个国民党政府的‘友邦人士’！是些什么东西！……可是‘友邦人士’一惊诧，我们的国府就怕了，‘长此以往，国将不国’了，好像失了东三省，党国倒愈像一个国，失了东三省谁也不响，党国倒愈像一个国，失了东三省只有几个学生上几篇‘呈文’，党国倒愈像一个国，可以博得‘友邦人士’的夸奖，永远‘国’下去一样。”

苏雪林在鲁迅逝世不久发表的《与蔡孑民先生论鲁迅书》中说："现在鲁迅固以反帝战士自命者也，而于逼我最甚之日本帝国主义独无一矢之遗。"这如果不是睁着眼说瞎话，那也只能理解为无知了。鲁迅曾在多篇文章中痛斥过日本侵略者的暴行。

1931 年 9 月 18 日，日本侵略者悍然发动侵占我国东北的九一八事变，事变后的第三天，鲁迅就在他的《日本占领东三省的意义》中指出："这在一面，是日本帝国主义在'惩膺'他的仆役——中国军阀，也就是'惩膺'中国民众，因为中国民众又是军阀的奴隶；在另一面，是进攻苏联的开头，是要使世界的劳苦群众，永受奴隶的苦楚的第一步。"

鲁迅的文章更多的是运用反讽的手法，正像他所说的"正面文章反面看"。上海"一·二八抗战"之后，鲁迅写了《战略关系》，他说："原来英国从中调停——暗地里和日本有了谅解，说是日本呀，你们的军队暂时退出上海，我们英国更进一步来帮你的忙，使满洲国不至于被国联否认，——这就是现在国联的什么什么草案，什么什么委员的态度。这其实是说，你不要在这里深入，——这里是有赃大家分，——你先到北方去深入再说。"

在《同意和解释》中，他说："正和屠杀犹太人的白人并未征求过犹太人的同意一样，日本的大人老爷在中国制造'国难'，也没有征求中国人民的同意。"

在《"智识劳动者"万岁》中，他说："不料帝国主义老爷们还嫌党国屠杀得不赶快，竟来亲自动手了，炸的炸，轰的轰，称'人民'为'反动分子'，是党国的拿手戏，而不料帝国主义老爷也有这妙法，竟称不抵抗的顺从的党国官军为'贼匪'，大加以'膺惩'！"

当时的舆论，幻想依靠外交部部长通过与日本外交官私人感情能够对东三省局势“得一较好之解决”，鲁迅则在他的《“非所计也”》中斩钉截铁地指出：“‘友谊’和‘私人感情’，好像也如‘国联’以及‘公理’，‘正义’之类一样的无效，‘暴日’似乎不像中国，专讲这些的。”

1935 年 10 月，途经上海的日本神秘主义诗人野口米次郎通过内山完造会见鲁迅。闲话过后，野口米次郎问道：“鲁迅先生，如果中国的政治家和军人不能使中国人民安定，中国可不可以也像印度把政治和军事委交给英国那样把政治和军事委交给日本呢?”面对这种公然以奴役者自居的论调，鲁迅当然不能容忍，他说：“如果非要把财产散光，则与其让强盗强夺，还不如让败家子败光；要是非得被人杀死，则与其让外国人来杀，还不如死于本国人之手。”说这话时，鲁迅铁青着脸，野口再无话可说，只有沉默。

真正的爱国者不是闭上眼睛空喊爱国口号的人，不是对国外的先进之处视而不见的人。

鲁迅曾对内山完造说：“中国四万万的民众，害着一种毛病。病源就是那个马马虎虎。就是那随它怎么都行的不认真的态度。……日本人的长处，是不拘何事，对付一件事，真是照字面直解的‘拼命’来干的那一种认真的态度。……中国把日本全部排斥都行，可是只有那认真却断乎排斥不得。无论有什么事，那一点是非学习不可的。”你看，这番话跟胡适《差不多先生》是不是如出一辙：“差不多先生的相貌和你和我都差不多。他有一双眼睛，但看的不很清楚；有两只耳朵，但听的不很分明；有鼻子和嘴，但他对于气味和口味都不很讲究。他的脑子也不小，但他的记性却不很精明，他的思想也不很细密。”

当然，鲁迅眼中并非看不到国人的优点，谈到中日两国的差别，鲁迅说：“日本人是聪明的，并善于模仿别人，对比之下，中国人好像愚笨似的，但中国人却具有创造精神。”那篇写于1934年的《中国人失掉自信力了吗》，以热情洋溢的文字写道：“我们从古以来，就有埋头苦干的人，有拼命硬干的人，有为民请命的人，有舍身求法的人，……虽是等于为帝王将相作家谱的所谓‘正史’，也往往掩不住他们的光耀，这就是中国的脊梁。”只是作为一名“医生”，他关注更多的是“病象”罢了，像这种赞美国人的文字，在鲁迅的笔下几乎成了另类。

他积极参加抗日民族统一战线，他说：“目前的革命的政党向全国人民所提出的抗日统一战线的政策，我是看见的，我是拥护的，我无条件地加入这战线，那理由就因为我不但是一个作家，而且是一个中国人。”

1931年，日本的宫崎龙介和女诗人柳原烨子夫妇由内山完造介绍与鲁迅认识。有一天，内山在功德林设宴，席间鲁迅“不断说中国不好”，柳原烨子遂问道：“那么，你是抱怨自己出生在中国了？”鲁迅答曰：“不，我以为比起其他任何国家来，还是出生在中国好。”说完，他的眼睛湿润了。

“为什么我的眼里常含泪水？因为我对这土地爱得深沉……”

我的娱乐只有看电影

——影迷鲁迅

读过《社戏》的朋友都知道，童年的鲁迅算是个小戏迷。随着时代的变迁，鲁迅的娱乐方式也与时俱进，成年后的他把对于戏剧的热情逐渐转移到电影上。在生命的最后几年，他更是将自己打造成一个不折不扣的影迷。

一

中国电影事业开始于 1905 年，鲁迅第一次看电影也是在 1905 年前后，不过不是在中国，而是在日本。当时正值日俄战争期间，鲁迅在日本仙台学医，在学习微生物的时候，教师会在课堂上用电影的方式显示微生物的形态，其间还会穿插一些关于日俄战争的片段。在 1930 年的《自传》中，鲁迅曾经这样写道："这时正值俄日战争，我偶然在电影上看见一个中国人因做侦探而将被斩，因此又觉得在中国医好几个人也无用，还应该有较为广大的运动……先提倡新文艺。”众所周知，那次“看电影”的经历改变了鲁迅的人生轨迹，成了他“弃医从文”的直接诱因。

多年以后，在跟朋友聊天时，鲁迅提到将来的课堂会用放电影的方式从事教学，“话还没有说完，就埋葬在一阵哄笑里了”。今天，多媒体教学手段在各级各类学校中被广泛应用，早已证实了鲁迅的预言。

鲁迅在国内第一次看电影也许是1910年在杭州，当时同去的还有三弟周建人和家里的男佣王鹤照。

1916年，鲁迅还在北京教育部任职，三弟周建人来北京看他，他先后三次陪着周建人一起到长安街、大栅栏看电影。当时的电影院往往是由戏院改装的，条件非常简陋，放映的多是一些外国电影。至于看的是哪些电影，《鲁迅日记》里没写，我们也就不得而知了。

二

在《鲁迅日记》中有名可查的第一部电影是《萨罗美》，其实就是《莎乐美》。莎乐美是《圣经》中的人物，她是希律王的女儿，据记载，她曾帮助母亲杀死了施洗者约翰。莎乐美艳丽无比，巴比伦国王甚至愿意用半壁江山换她一舞。英国唯美主义作家奥斯卡·王尔德于1893年根据《圣经》故事，创作了戏剧《莎乐美》，该剧在1918年被美国人搬上银幕。6年后，该片传入中国，当时的译名是《萨罗美》。那天是1924年4月12日，鲁迅刚刚从北大领取了12元的薪水，决定要犒劳一下自己，于是一个人去平安电影公司看电影。这也是鲁迅为数不多的自己看电影的经历，后来他看电影基本上都是和亲朋好友同去的。

作为文学家，鲁迅似乎很喜欢看由文学名著改编的电影，这类电影，除了《萨罗美》，还有《魔侠吉诃德》（即《堂吉诃德》）《野性的呼唤》（杰克·伦敦）《金银岛》（罗伯特·路易斯·史蒂文森）《三剑客》（大仲马）《浮士德》（歌德）《西线无战事》（雷马克）《复仇艳遇》（改编自普希金小说《杜布罗夫斯基》）等不下20部。当然，并不是所有的改编电影都能令鲁迅满意。1935年，在看过改编自杰克·伦敦小说的《野性的呼唤》之后，他大失所望，在写给日本友人山本初枝的信中，他说："大吃一惊，与原著迥然不同。今后对名著改编的电影再不敢领教了。"

早在1930年，有个叫王乔南的作者将鲁迅的《阿Q正传》改编成电影文学剧本《女人与面包》，写信征求鲁迅的意见。鲁迅觉得将阿Q搬上银幕以后，"大约也未免隔膜"，"恐中国此刻的'明星'是无法表现的……还是让它'死去'罢"。

后来，鲁迅的作品《阿Q正传》《药》《祝福》《伤逝》等陆续被搬上银幕，那已经是他逝世后的事了。

三

严格说来，鲁迅不是国产片的影迷，从北京到厦门，再到广州的十几年时间里，他只看过三部国产电影，而且分别是在北京、厦门、广州看的。

1925年2月，鲁迅在北京期间看的第一部国产电影是《水火鸳鸯》。所谓《水火鸳鸯》，讲的是少年李自新因为见义勇为，救起落水小姐王慧珍，后者对他心生爱慕。然而李自新又因为家中不慎失火，导致自己一贫如洗。他只好寄人篱下，暂时生活在王小姐家中。谁知王慧珍爱上了这个当初的救命恩人——如今的落魄青年，王母也替女儿提亲，却遭到王父的反对。老爷子认为男儿当以事业为重。于是，李自新搬出王家，自己刻苦努力，声誉日起，并赢得万元奖金。王家得知大喜，遂成全二人婚姻。整个剧情跟古典小说、戏剧中落难公子与多情小姐的故事何等相似。鲁迅的观感可想而知。

1926 年 12 月，鲁迅在厦门大学期间看过国产电影《新人之家庭》。这所谓《新人之家庭》，说的是高富帅的男主人公因为跟妻子之间的一点儿误会导致家庭冲突，然后陷入危机四伏的婚外恋之中，然后再因为更多的误会导致夫妻离婚，然而看似浪漫的婚外恋其实暗藏凶险。最后时刻，男主人公迷途知返转危为安，夫妻俩破镜重圆。今天看来，《新人之家庭》人物形象脸谱化，剧情荒诞雷人，处理戏剧冲突的手段过于简单，难怪鲁迅在日记里说它"劣极"。

1927 年 1 月 23 日，鲁迅在广州期间看了第三部国产电影《一朵蔷薇》，剧情今天已经不得而知了，鲁迅在日记中也没有对这部电影的评价。第二天，也就是 1 月 24 日，许广平给鲁迅送来四条土鲮鱼，鲁迅很高兴，两人一起去广州著名饭馆妙奇香吃晚饭，饭后一起看电影《诗人挖目记》。《诗人挖目记》是由法国巴黎汉蜜莱影片公司拍摄的一部中国题材的电影。剧本原作者是大名鼎鼎的法国"老虎"总理克里孟梭。一战结束后，克里孟梭痛感人类自相残杀的惨状，足以使明眼人触目伤心，写成了剧本《诗人挖目记》。故事背景设为中国明朝，剧中的盲诗人，幸而（不幸）恢复了视力，他看到了现实生活中的丑陋与罪恶，目不忍睹，一怒之下把自己的双眼挖了出来。该片的主演是当时在法国的中国电影明星徐琥，其他演员多数是中国留法学生，基本上没有什么演技。鲁迅几乎没有看完就愤而离场，回来后在日记上写下"浅妄极矣"的 4

字影评。虽然故事背景是中国明朝，主要演员都是中国人，但严格说来，这是一部法国电影，正像我们说迪士尼动画片《花木兰》以及梦工场的《功夫熊猫》都是美国电影。但当时鲁迅和许广平似乎都把它当成是一部国产电影。

在看完《诗人挖目记》两个多月后，鲁迅写了一篇《略论中国人的脸》："古装的电影也可以说是好看，那好看不下于看戏；至少，决不至于有大锣大鼓将人的耳朵震聋。在'银幕'上，则有身穿不知何时何代的衣服的人物，缓慢地动作；脸正如古人一般死，因为要显得活，便只好加上些旧式戏子的昏庸。……国产影片中的人物，虽是作者以为善人杰士者，眉宇间也总带些上海洋场式的狡猾。可见不如此，是连善人杰士也做不成的。"看来，鲁迅对于这类"国产电影"是彻底失望了。从此之后，鲁迅再也没看过国产电影。1934 年，出现了像《姊妹花》这样轰动一时的国产电影，他也不肯再看，实在"绝情"。

不仅如此，鲁迅在后来的文章中，不止一次犀利地抨击国产电影。如夏衍所说："不仅爱之深也责之切。"

1931 年 7 月 30 日，鲁迅在上海暑期学校做题为"上海文艺之一瞥"的讲演，他说："现在的中国电影，还在深受着'才子加流氓'式的影响，里面的英雄，作为'好人'的英雄，也都是油头滑脑的，和一些住惯了上海，晓得怎样'拆梢''揩油''吊膀子'的滑头少年一样。看了之后，令人觉得现在倘要做英雄，做好人，也必须是流氓。"

他在 1933 年所写的《电影的教训》一文中说："国产电影也在挣扎起来，耸身一跳，上了高墙，举手一扬，掷出飞剑，不过这也和十九路军一同退出上海……"你看，当时国产电影里那些神乎其神的武功，跟现在的手撕鬼子的"抗日雷人剧"

是不是如出一辙?

1935 年 3 月，电影明星阮玲玉自杀身亡，鲁迅没有看过阮玲玉演的电影，但还是为她写了一篇文章《论“人言可畏”》，抨击当时的八卦小报记者：“对强者它是弱者，但对更弱者它却还是强者，所以有时虽然吞声忍气，有时仍可以耀武扬威。”

四

在定居上海前的十年，鲁迅所看电影不足 10 部，那段时期的他还不能被称为“影迷”。1927 年，鲁迅初到上海的时候，看到别人匆匆忙忙赶着去电影院，而自己拜访朋友正赶上人家去看电影，他百思不得其解，不知道这电影有什么魅力。想不到，短短几年之后，他自己也成了如假包换的影迷。当时的上海拥有包括大光明、国泰等 40 多家电影院，鲁迅光顾过的就多达 30 家。

在他生命的最后十年，看的电影多达 142 部，几乎全都是外国电影，这跟他“少看或者不看中国书，多看外国书”的主张一脉相承。这其中美国电影接近 120 部，占 85% 以上。其他的苏联、英国、日本、德国的电影只占很小的一部分。因此说他是个美国电影迷似乎更加准确。

美国电影中，又以雨林以及极地探险片最受鲁迅青睐。看看这些片名《非洲猎怪》《人兽世界》《兽国春秋》《兽世界》《两亲家游非洲》《南极探险》《禽兽世界》《兽国奇观》《非洲孔果国》（又译“刚果”）《生吞活捉》《爱斯基摩》《豹姑娘》《降龙伏虎》《海底探险》《漫游兽国记》《荒岛历险记》《珍珠岛》《海底寻金》《南美风光》《黄金湖》《冰天雪地》……简直像是《动物世界》或者探险大全。如果鲁迅活在今天，他最喜欢的电视频道应该是“纪录片频道”或者“国家地理频道”。

他对萧红说：“电影没什么好看的，看看鸟兽之类倒可以增加些对于动物的知识。”至于爱看非洲和南北极之类的片子，原因也很简单：“因为我想将来自己未必到非洲或南北极去，只好在影片上得到一点见识了。”他曾向日本书店老板内山完造推荐美国电影《人猿泰山》：“老板，《泰山》来了，去看看吧，听说非常有趣的呢。我同你大概是没有机会到非洲的山中去的了，不去看一点电影之类吗?”

此外，鲁迅还喜欢看侦探片，美国电影“陈查理探案”系列他几乎每部必看。陈查理是20世纪20年代美国作家厄尔·德尔·比格斯创造的中国警探形象，出现在多部电影、电视和卡通片中，是“美国观众最熟悉的5个中国人”之一。陈查理电影20世纪30年代被引入中国。该系列电影不仅剧情扣人心弦，对白幽默，而且男主角演技颇为出众，自然颇受鲁迅青睐。

在著名杂文《拿来主义》中，鲁迅曾经指出：“我们被‘送来’的东西吓怕了。”在他列举的众多“送来”品中，就有“美国的电影”。“于是连清醒的青年们，也对于洋货发生了恐怖。其实，这正是因为那是‘送来’的，而不是‘拿来’的缘故。所以我们要运用脑髓，放出眼光，自己来拿！”鲁迅对于电影，完全采用“拿来主义”的态度。

五

鲁迅在上海期间，几乎所有电影都是跟许广平一起看的。有时候，海婴睡着了，像搞突然袭击一样，鲁迅和许广平各自穿上深色服装，出门叫上一辆车子，以最快的速度杀奔电影院。之所以穿深色服装，是为了不招人耳目，他们在电影院里也不左顾右盼，只是安静地看电影，也许只有在这种时刻，他们才能享受所谓的“二人世界”。

除了带许广平，鲁迅还经常带着三弟周建人一家。周建人跟王蕴茹有三个女儿，周晔、周瑾、周蕖，鲁迅每次会带上其中的一到两个。除了家人之外，他会带着自己的朋友或者学生去看电影，前者如内山完造夫妇，后者如柔石、萧红等，最招摇的一次同去者居然有十人之多。

有一回，鲁迅向茅盾要求借他儿子一用。茅盾不明就里，稀里糊涂答应了，后来才知道是带他儿子去看电影。当时茅盾的儿子韦韬发烧在家里养病，鲁迅担心小孩子闷在家里太无聊，特意带他出去看电影散心。那时候韦韬已经 11 岁了，鲁迅却担心他走丢了，坚持要拉着他走，弄得孩子好不自在。韦韬比海婴大 6 岁，平时都是自己去学校，鲁迅一定是把人家的孩子当成自己的孩子了。

最令人感慨的是，在生命的最后半个月，鲁迅连看了三场电影，都是带了周建人跟日本妻子羽太芳子所生的大女儿周鞠子同去的，要知道那时候鞠子已经是 19 岁的大姑娘了。鲁迅跟这个侄女多年未见，自周建人南下上海后，鞠子也长期得不到父爱。鲁迅一次次带她看电影，也许算是对这孩子的一点儿补偿吧。

六

1932 年 11 月，鲁迅第二次赴北京探望母亲，许广平带着家里的两个女佣和 3 岁的海婴去广东电影院看电影。这是小家伙第一次看电影，自然莫名兴奋。其实，当时的海婴啥也看不懂，只是对新环境感到好奇。由于他们坐在楼上前排，海婴便在大人的腿中扒来扒去，晚上回家后也不肯脱鞋袜，说是等着明天再去看电影。

时隔一年，1933 年 12 月 23 日，圣诞节前夕，鲁迅和许广平带 4 岁的海婴去看电影，看的是迪士尼动画片《米老鼠》。海婴特别兴奋，从此一发而不可收。每到周末，海婴就嚷嚷着看电影。鲁迅和许广平便一次次带他去看儿童片，其中有《米老鼠》《神猫艳语》《米老鼠大会》《蚱蜢与蚂蚁》《可爱的小白兔》《奇怪的企鹅》《聪明的小鸡》《走鸡》《欢天喜地》等。这些儿童片不仅海婴爱看，鲁迅也看得不亦乐乎，正所谓“大人者，不失其赤子之心者也”。他们还一起看过《兽国寻尸记》《剿匪伟绩》《野性的呼唤》《海底探险》《寻子伏虎记》《仲夏夜之梦》《从军乐》《万兽女王》（上），不知道为什么，3 天后《万兽女王》下集放映的时候，鲁迅只带着许广平前去，把海婴一个人留在家里，是因为这部电影有些吓人的镜头吗？有一次，影院放映《金银岛》，也许是不知道是否适合儿童观看，鲁迅先陪着许广平看了一遍，算是把把关，然后夫妻二人带着海婴又看了一遍，也算是用心良苦了。那时候也有所谓的“少儿不宜”电影，当时广告词称之为“小童挡驾”，为此，鲁迅专门写了《“小童挡驾”》一文，对这种恶俗的电影促销手段不以为然。

1935 年初，还在幼稚园的海婴不爱看书，不爱学习，总爱模仿士兵，以为战争很好玩。鲁迅和许广平便带他去看苏联电影《抵抗》，那是一部残酷的战争影片，鲁迅的本意是想借此来“吓他一下”，让他多少会安静下来，想不到看完之后，海婴“闹的更起劲了”，鲁迅徒唤“奈何”。

1935 年 9 月 27 日，因为海婴过生日，当天下午鲁迅和许广平带他去大光明大戏院看《十字军英雄记》。

海婴最难忘的一次跟随父母看电影的经历是在他 6 岁那一

年。1935 年 6 月，为了纪念苏联十月革命胜利 18 周年，苏联驻华大使勃加莫洛夫从南京来到上海，专程宴请宋庆龄、鲁迅、茅盾、郑振铎等人。主办方允许带家属，许广平和海婴也得以一同前往。那是鲁迅最气派的一次观影经历。当时一家人已经吃过晚饭，苏联驻上海领事馆派专车来接他们。不久他们到达领事馆，在 6 岁的海婴的眼中，那是一座高大漂亮的建筑，大厅里灯火辉煌，楼道里是鲜红的地毯。

虽然鲁迅对主人声称他们已经吃过晚饭了，但是欧洲人的习惯晚饭在 21 点以后才开始，只好客随主便。晚宴之丰盛程度自不待言，各种名酒，各种点心，各种水果。当时的苏联并不富裕，但搞起公关也是蛮拼的。海婴看上了以前只从书本上见过的杧果，许广平便给他剥了一只，可惜还没来得及吃，“忽然耳边一阵椅子响，主人和客人都纷纷离席，向门口走去”。主人宣布电影即将开始，于是海婴带着遗憾告别即将到口的杧果，随同众人离席。一众人等来到一间放映室，但见室内摆放两三排沙发，大家随意落座，稍待片刻，现场熄灯，电影开映。放的是俄文原版电影《夏伯阳》，没有翻译，没有字幕旁白，也没有现场解说，海婴是一句也没听懂。“只记得其中有一个镜头，描写夏伯阳在作战时，手持‘马克辛’重型机枪向敌人勇猛扫射。”这让他大呼过瘾！以至于 60 多年后，还历历在目。至于电影放映完以后，父母如何向主人致谢，如何和别的客人话别，海婴却是一点儿印象也没有了——因为那时他已迷迷糊糊瞌睡起来了。

《夏伯阳》是根据同名小说改编的电影，夏伯阳是苏联红军指挥员，他足智多谋，视死如归，在战争中所向披靡，是一位传奇人物。看完电影，苏联大使勃加莫洛夫向鲁迅征询观后感，鲁迅说：“我们中国现在有数以千计的夏伯阳正在斗争。”

在1935年，他这话指的是哪些人，应该不言而喻。

七

1926年在厦门大学时，鲁迅曾经为学校集资看美国电影《亚伯拉罕·林肯》出过1元钱，他因此可以坐“特别座”。不过，鲁迅在上海看电影那才叫“阔气”。

刚开始的时候，他跟多数观众一样，买的是普通票，坐在正厅的位置。后来，鲁迅总是处在避难的状态，怕人多眼杂，干脆只买雅座票，每次看电影都跑到“花楼”上。他们去看电影很少坐电车，更不坐黄包车，要么步行，要么坐汽车。住所门外不远处就有出租车行，一家人一时兴起，决定去看电影，出门叫来出租车呼啸而去，那阵势是很拉风的。许广平在回忆录中也说，鲁迅一生最奢华的生活就是“坐汽车，看电影”。有一回，鲁迅跟许广平以及周建人夫妇在国民大戏院看电影《银谷飞仙》，感觉“不佳”，随即退场，四个人又至虹口大戏院看《人间天堂》，有钱就是任性。

鲁迅一向节俭，为什么在看电影这件事情上如此“大手大脚”？他的理由很简单：“看电影是要高高兴兴，不是去寻不痛快的，如果坐到看不清楚的远角落里，倒不如不去了。”所以，即使是相当于雅座的花楼，他们买的往往也是第一排的票。一来，不用花时间排队买普通票，二来，鲁迅选第一排的座位还有照顾许广平的意思，因为许广平有些近视。

鲁迅生前看过的最后一部电影是苏联影片《复仇艳遇》。该片原名《杜布罗夫斯基》，改编自普希金的同名小说。贵族青年杜布罗夫斯基的土地被贪婪而有权势的贵族特罗耶库罗夫征收。杜布罗夫斯基为了赢得正义，集结一帮农奴劫富济贫，当上了绿林好汉。为了报复特罗耶库罗夫，杜布罗夫斯基潜入特罗耶库罗夫家中，不料却爱上了后者的女儿玛莎。玛莎的父亲出于一己私利，将女儿嫁给了一个老贵族。杜布罗夫斯基阻止这场婚姻失败之后，变得心灰意冷。他解散了自己的团伙，到国外隐居去了。也许是为了票房，该电影引入国内时片名定为《复仇遇艳》。当时的国民政府电影检查委员会对于这种起义题材的电影并不喜欢，便借口前不久已有一部美国电影，译名就是《复仇遇艳》，片名不能重复，故而迟迟不能通过。但上海的各大院线急需上映这部片子，便派人到南京去“疏通”，苏联大使馆也派人从旁催促，说这是纪念普希金的古典作品。结果，电影检查委员会把片名改成《复仇艳遇》，勉强通过。

该片于 1936 年 10 月 9 日在上海大戏院首映，中共地下党员姜椿芳当时在上海大戏院从事宣传和翻译工作，他送给鲁迅一张优待券。第二天，也就是“双十节”，鲁迅和许广平带着海婴及周建人的女儿周鞠子一同前往观看。鲁迅对这部影片颇为满意，当晚在日记中留下了“甚佳”这一极为罕见的评语。随后，发着高烧的鲁迅又写信向黎烈文、黄源等友人推荐这部片子，“以为甚佳，不可不看也”，“觉得很好，快去看一看罢”。鲁迅在信中还问黄源，电影和普希金的原作是否有出入等等。等到黄源看过电影，也读了原作，想把自己的观感告诉鲁迅时，鲁迅已经在 10 月 19 日与世长辞了。

鲁迅曾在写给朋友的信中说：“我的娱乐只有看电影。”鲁迅的确是个勤奋的人，但他也是一个普通人，同样需要娱乐，同样需要尽自己在家庭中的身为丈夫和父亲的责任。

六代绮罗成旧梦

——收藏家鲁迅

收藏几乎是人类与生俱来的爱好，在生命的历程中，谁没有过收藏某类物品的经历呢？有些人，更是由于收藏的丰富性与专业性而被誉为收藏家。鲁迅就是货真价实的收藏家，他收藏范围之广，收藏内容之丰富，超乎一般人的想象。

古钱币

钱币是体现一个时代经济文化发展水平的重要符号。古代钱币虽然已经不具备流通功能，但其本身浸润着先人的手泽，象征着不可或缺的财富，承载着久远的历史风尘，浓缩着耐人寻味的时代密码，历来为藏家所喜爱。民国以后，鲁迅任职教育部，收入渐丰，他经常去北京文物集散地——琉璃厂一带淘宝、捡漏。在这期间，他搜集了数量颇丰的古钱币。

《鲁迅日记》1913 年 8 月 16 日记载："午后往璃琉（琉璃）厂，在广文斋买古泉十八品，银一圆。"这是他第一次收购"古泉"。"古泉"就是古钱的别称，古音"泉"与"钱"

通，因货币如泉水一样流通不息，遂有人又将“钱”称“泉”。后世文人更因“泉”较“钱”字风雅淡泊，所以喜欢称“钱”为“泉”。

自此以后，鲁迅养成了隔三岔五去琉璃厂溜达的习惯，几乎每次都不会空手而归。据统计，鲁迅在北京期间，日记里有关古钱币收藏的记载有40余条，其中有“平阳币”“安阳币”“得壹元宝”“唐国通宝”“洪化通宝”“折二嘉熙通宝”“庆元折三”“绍定折二”“咸淳平泉”“明月泉”“小泉直一”“常平五铢”等明确标出名称的古钱约50余种，170多枚，仅先秦货币就包括空首布、尖足布、圆足布、齐刀、赵刀、燕明刀等各种币型。

鲁迅不仅购藏古钱币，也购买与古钱币有关的专业书籍，如《古今泉略》《古泉精选拓本》《四朝宝钞图录》等，他还多次从杭州西泠印社那里函购《古泉丛话》。这表明，鲁迅不是一般的古钱币发烧友，而是对于古钱有着浓厚研究兴趣的专业人士。

1915年2月28日，鲁迅又购得几枚古钱，他在日记里指出那一枚“直百”小泉，疑似“铁品”。另有一枚“大平百金”鹅眼泉，鲁迅鉴定“百金”二字为传形。“大平百金”是三国时期蜀汉一带铸造的一种非常轻薄的钱币，存世量极少，因此弥足珍贵。所谓“传形”，就是钱面部的文字印反。念的时候需要从左往右，而不是通常的从右往左。

早在1912年8月，在教育部任职的鲁迅，曾和许寿裳、钱稻孙等人联合设计了中华民国国徽，又称“十二章国徽”。后来袁世凯称帝，背叛民国，舆论力主废“袁大头”图案，改用鲁迅等设计的“十二章国徽图”制版，由天津造币厂铸造成银币，又称“龙凤银币”，后因该银币图案有帝王色彩而未被采用。这也算是鲁迅与钱币有关的一段佳话。

后来，鲁迅在多年搜集、整理古钱币的基础上，写成《泉志》手稿，即中国各个朝代使用的钱币目录。这份目录，共有22页，按朝代先后排列，其中所收唐泉8种，五代十国泉26种，北宋泉45种，南宋泉34种，辽泉17种，金泉4种，元泉15种，明泉23种，总共172种。每种古泉名下，又有细分的种类，并注明了钱币的形状、质地，泉文的字数和字体。如今，《泉志》手稿藏于国家图书馆古籍馆名家手稿文库，被列为国家一级文物。

汉画像石拓片

汉画像石是我国古代文化遗产中的瑰宝，是汉代民间艺人雕刻在墓室、棺椁、墓祠、墓阙上的以石为地，以刀代笔的石刻艺术品。汉画像石主题鲜明，装饰性极强。从内容看，它融神话传说、典章制度、风土人情于一体，被誉为“绣像的汉代史”。从艺术手法来看，它上承战国绘画的古朴之风，下启魏晋艺术之先河，是中华雕刻艺术中的瑰宝。

1913年9月11日，鲁迅收到教育部同事胡孟乐赠送的十张画像石拓片，这是鲁迅第一次接触汉画像石。从此，鲁迅常常漫步于北京琉璃厂等地搜集购藏汉画像石拓片，还不时托友人代购。

鲁迅在教育部的同事杨莘士担任视学，常年外出视察。每次出发之前，鲁迅都会提醒杨莘士，请后者为他到某处拓来石刻图案，例如山东武梁祠石刻，西安碑林的景教碑，例如泰山极顶秦始皇无字碑下方的“帝”字，某块石碑的碑阴文字和碑座所刻人像和花纹之类。杨莘士往往不负所托，一一为他寻来。

在致友人的信中，鲁迅屡屡盛赞汉人石刻“气魄深沉雄大”。鲁迅曾对好友许寿裳说：“汉画像的图案，美妙无伦，为日本艺术家所采取。即使一鳞一爪，已被西洋名家交口赞许，说是日本的图案如何了不得，而不知其渊源固出于我国的汉画呢。”他曾经把汉画像石拓片作为礼物送给蔡元培。蔡元培说：“金石学为自宋以来较发达之学，而未有注意于汉碑之图案者。鲁迅先生独注意于此材料之搜罗。”

1929 年 5 月，鲁迅赴北京探亲。5 月 31 日，在他即将离开北京的日子，日本京都大学人文科学研究院教授冢本善隆，在北京大学研究考古学的水野清一，留学北京的日本京都大学文学院教授仓石武四郎等三位日本学者慕名前来拜访，他们观赏了鲁迅收藏的石刻画像拓片，大饱眼福，纷纷劝鲁迅编写收藏目录。鲁迅在写给许广平的信中也颇为得意地说：“这自然也是我所能为之一，我以外，大约别人也未必做的了。”

至 1936 年，鲁迅共收藏刻石画像的拓片 6000 多种，其中汉画像拓片 696 幅。他对这些拓片格外爱惜，每一张拓片都有衬里，拓片丝毫不会被折损。每一张拓片都附有小标题，排列有序，可以很快找出来。这些拓片大部分是精品，少数拓片更是罕见的珍本，这奠定了他作为汉画像拓片大收藏家的地位。

1935 年 11 月 15 日，鲁迅在写给友人台静农的信中说：“我陆续收得汉石画像一筐，初拟全印，不问完或残，使其如图目，分类为：一、摩崖，二、阙、门，三、石室、堂，四、残杂，此类最多。”然而，鲁迅在收到最后一批南阳汉画像拓片的两个月后，便与世长辞了。他选印汉画像的计划，亦未能实施。直到 1986 年，上海人民美术出版社出版了由北京鲁迅博物馆和上海鲁迅博物馆共同编辑的《鲁迅藏汉画像》，才完成了他的遗愿。

古碑帖

1917年1月22日，除夕之夜，鲁迅在日记里写道："旧历除夕也，夜独坐录碑，殊无换岁之感。"过年了，人家都是一家人聚在一起吃团圆饭，鲁迅却是一个人躲在绍兴会馆的房间里抄古碑。

刚到北京时，鲁迅一个人住在绍兴会馆，一夜一夜地抄写他搜集来的这些古代碑帖。正如鲁迅后来在《<呐喊>自序》中所说的："许多年，我便寓在这屋里抄古碑。客中少有人来，古碑中也遇不到什么问题和主义。"

鲁迅自1912年到北京后就开始收集古籍碑帖和文物，1912年6月26日的日记中有"上午太学守者持来石鼓文拓本十枚"的记录，这是鲁迅对古碑帖最初的收藏。到1915年，鲁迅开始了对碑刻拓本的大规模收集。

从鲁迅1915年到1920年的书帐中就可以看出，他购买的绝大部分就是碑帖拓本，同时还有供研究的金石著作。经年累月，鲁迅投入了巨额经费，收集了大量两汉到隋唐的石刻拓本。他前后共收藏各类拓本4000多种，将鲁迅称为碑帖收藏大家一点也不为过。

他收藏的古碑帖绝大部分是从北京琉璃厂淘来的，他不仅仅抄录碑文，而且对碑帖和墓志进行了精深而严谨的研究。周作人描述鲁迅的校碑工作："他抄了碑文，拿来和王兰泉的《金石萃编》对比，发现书上错误很多，于是他决心要写一部精密可信的定本。他的方法是用尺量定了碑文的高广，共几行，每行几字，随后按字抄录下去，到了行末便画上一条横线，至于残缺之字，昔存今残，昔残今微存影的，也都一一分别注明。"鲁迅留日时，曾师从章太炎学习段玉裁《说文解字注》，1929 年后又曾计划编著《中国字体变迁史》，这个计划可能在他致力于金石文字研究的 1915 年就萌生了。

鲁迅是一位杰出的书法家，今天《参考消息》这份报纸的报名就集自鲁迅的手稿，他的书法得益于古碑帖收藏和临摹。石刻碑帖对他的影响，透过他的手书墨迹显现出来。郭沫若曾经这样称赞他的书法："融冶篆隶于一炉，听任心腕之交应，质朴而不拘挛，洒脱而有法度，远逾宋唐，直攀魏晋。世人宝之，非因人而贵也。"

古 镜

1925 年 2 月 9 日，鲁迅在他的著名杂文《看镜有感》中写道："因为翻衣箱，翻出几面古铜镜子来，大概是民国初年初到北京时候买在那里的，'情随事迁'，全然忘却，宛如见了隔世的东西了。"这表明，在北京期间，鲁迅还收藏过一些古镜，其中包括他在《看镜有感》文中提到汉代的"海马葡萄镜"，唐代的日用镜以及宋代的刻有"正其衣冠"这类迂词的铜镜。

鲁迅在 1915 年 3 月 1 日的日记中写道："夜季自求来，赠鼯鼠蒲桃（葡萄）镜一枚。"季自求是鲁迅的同事，这里的"鼯鼠蒲桃镜"即《看镜有感》中说到的"海马葡萄镜"。这面古镜直径不超过两寸，很厚重，背面刻满了葡萄，还有跳跃的鼯鼠，沿边是一圈小飞禽。当时的古董商人都称之为"海马葡萄镜"。其实鲁迅的这一面并没有"海马"。古代的外来物品，每加"海"字，相当于后来的"洋"字，因此所谓"海马"，就是"洋马"。汉武帝时通西域，引入天马、葡萄之类，在当时被视为盛事，所以拿来做器物的装饰也是顺理成章的事。鲁迅也见过有海马图案的，可是要价太高，他买不起。在

《看镜有感》文中，鲁迅感慨“遥想汉人多少闳放，新来的动植物，即毫不拘忌，来充装饰的花纹。”

在鲁迅的藏品中，有“十二辰镜”“端午镜”“蒲桃镜”“日光大明镜”“日有熹镜”“青羊镜”等，此外，还有很多古镜拓片。

1917年，山阴兰上乡吕超墓中出土“吴郡郑蔓镜”，这面镜子似铅质，已碎裂，上面有铭文。周作人弄来两张拓片寄给鲁迅。1918年7月，鲁迅参照《古镜图录》《志林》《初学记》《关中金石记》《论衡》《墨林快事》《山海经》等文献及其他古镜实物写成《吕超墓出土吴郡郑蔓镜铭考》一文，现编入《集外集拾遗补编》。在文中，他提到自己所收藏的唐代小镜上刻有“五月五日午时造”，考证古人是为了选择太阳光线最强烈的时候进行铜镜冶炼，这一习俗，“当始于晋，至唐犹然”。此外，鲁迅还购买了《遯庵古镜存》《簠斋藏镜》《锞镜之研究》等专业书籍，这表明鲁迅收藏古镜不仅是为了好玩，还带有很强的学术研究的味道。

1923年7月23日上午，鲁迅把自己收藏的一枚明代薛晋侯造的“福禄寿喜镜”捐赠给当时的历史博物馆。他也曾把自己收藏的古镜拓片送给朋友陈师曾。

古镜往往是从古墓中出土的殉葬品，当然也有日用品。鲁迅的藏品中就有一枚又大又薄的日用镜，模仿汉代制式。镜鼻已多磨损，镜面的沙眼都用别的铜补好了，他认为“也许是唐代的东西”。鲁迅说：“当时在妆阁中，曾照唐人的额黄和眉绿。”从一面古镜中仿佛看到古人的面孔，这是鲁迅的人文情怀吧。

砖　刻

古砖往往刻有年代、图案、吉祥语等，是研究古代文字、历史和雕刻的重要参考资料。

鲁迅早在青年时代就有收集古砖及拓片的嗜好，去北京以前，他和二弟周作人已经陆续搜得古砖20来方。到北京后，鲁迅经常逛琉璃厂，见到喜欢的古砖拓片便不惜重金购得。有一次，他一次性购入“大原平陶郝厥”“苌安雍州刘武妻”“李巨妻”“阿奴”等四块墓砖，后来，怀疑“大原平陶郝厥”是赝品，提出来换一块“赵向妻郭”墓砖。不久，古董商专门派人来用“赵向妻郭”把那块“大原平陶郝厥”砖换了回去。由此看来，鲁迅俨然是古砖收藏界的“大腕”。

有一回，好友许寿裳特意拿来一枚古砖拓片，上有“龙凤”二字，说是著名学者陈仲恕先生所赠。鲁迅经过鉴定，认为这是东魏时期的文物，砖上的文字是刻上去的而不是模板印上去的。东魏从公元534年至公元550年，仅存在了17年，鲁迅敢于如此“断言”，显示了他在古砖鉴定方面的独特功夫。

好友齐寿山知道鲁迅喜欢搜集古砖，特意从肃宁人家处觅得一块“君子砖”，交给鲁迅。那块砖文字完整，但有阙角，不损字，还没有定价。这是鲁迅久觅未得的“宝贝”，先留下再说。当天下午，他连续打了几份拓片留存。几天后，朋友马幼渔来访，鲁迅以一份“君子砖”拓片相赠。后来，鲁迅干脆花6元钱把那块“君子砖”买下，终于得偿所愿。

鲁迅跟著名书画家陈师曾之间也经常互相赠送古砖拓片，他还花两元钱请陈师曾仿照古砖文字为二弟周作人刻过一枚印章。

在收藏古砖拓片这方面，他跟周作人堪称志同道合，从《鲁迅日记》中我们看到，周作人曾经多次寄给他古砖拓片，其中有“河平砖”“甘露砖”“建宁砖”“永和砖”“咸通砖”等。有一次，周作人把一块刻有“马卫将作”的古砖寄给鲁迅，后来，鲁迅又把它当成礼物送给教育部同事汪书堂。周作人来北京后，兄弟二人经常一起逛琉璃厂。有一回，他和周作人同游厂甸，在德古斋花 50 元买了整整一包端氏藏古砖拓片，其中包括汉墓砖拓片 380 张，杂砖拓片 11 张，六朝墓砖拓片 25 张，唐、宋、元墓砖拓片 7 张，共计 423 张，堪称满载而归。

不仅搜集古砖拓片，鲁迅也购置《千甓亭专（砖）图》《秦汉瓦当文字》《百专（砖）考》等相关文献，看来他不是一般的票友，而是“道行颇深”的高手。

鲁迅原本打算跟周作人一起编写《越中专（砖）录》，全面整理他们收集的故乡绍兴一带的古砖及拓片。可惜，1923 年 7 月，兄弟失和，鲁迅被周作人夫妇“逐出”八道湾。次年 6 月，鲁迅返回八道湾的家中准备取回属于自己的东西，不料却遭到周作人夫妇的谩骂和殴打。匆忙之中，鲁迅只带出了少量图书和物品，其中就有一块“大同十一年砖砚”。早在唐宋时期，文人墨客就有用古砖做砚的嗜好，到了明清时期，古砖磨砚已经是非常流行的做法。鲁迅“抢救”出的这块砖砚是 1918 年他的学生商契衡赠送的，是一方由南朝梁武帝时期的“大同十一年砖”加工而成的砚台。如今，这方砚台定为国家一级文物，珍藏于北京鲁迅博物馆。

1924 年，鲁迅整理多年所收藏的古砖拓片，用 189 种砖拓编成《俟堂专（砖）文杂集》出版，一共 5 册。

瓦　当

除了砖刻，鲁迅还收藏了不少古代瓦当。瓦当是古代中国建筑中覆盖建筑檐头筒瓦前端的遮挡，是一种用以装饰美化和庇护建筑物檐头的建筑附件。古人多在瓦当上刻画“长乐未央”之类的文字，以及朱雀、玄武、青龙、白虎等图案，因此瓦当也成为后世的收藏品。瓦当的图案设计优美，字体行云流水，极富变化，有云头纹、几何形纹、饕餮纹、文字纹、动物纹等等，大多为精致的艺术品，属于中国特有的文化艺术遗产。鲁迅在北京期间，至少有十多次购买瓦当或瓦当拓片的经历，这表明他对于这种古代建筑遗存情有独钟。

1915 年 3 月 19 日，鲁迅从好友钱稻孙处借得《秦汉瓦当文字》一书，如获至宝，用了 22 天的时间，一口气把书中的文字与图案完整地描摹了一遍。

从 1916 年起，鲁迅就开始留意收藏瓦当及拓片，清末两江总督端方曾大量收藏瓦当拓片。端方死后，这些藏品流散民间。从 1916 年到 1919 年，鲁迅共购得端方生前所藏瓦当拓片 291 张，数量相当可观。台静农知道鲁迅有此嗜好，也曾把自己收集到的瓦当拓片寄给他。

1921 年 3 月 23 日，鲁迅为当时的历史博物馆买了两个瓦当。作为教育部负责博物馆事务的社会教育科科长，为博物馆物色藏品也算鲁迅分内的工作。

绘画作品

鲁迅自幼喜爱绘画，在鲁迅的众多藏品中，中外绘画作品占有很大的比重。鲁迅对中国绘画有着自己独到的见解：“我想，唐以前的真迹，我们无从目睹了，但还能知道大抵以故事为题材，这是可以取法的；在唐，可取佛画的灿烂，线画的空实与明快，宋的院画，萎靡柔媚之处当舍，周密不苟之处是可取的。”鲁迅收藏的国画中就有林琴南和陈师曾等人的作品。

除了传统的中国书画作品之外，鲁迅对于外国版画，可谓情有独钟。20 世纪 30 年代初，鲁迅十分喜爱欧洲版画，并竭力收藏，除了在上海商务印书馆订购外，还委托在外国的友人替他购藏外国版画，搜罗之广，令人惊叹。例如，他托当时在德国的留学生徐诗荃和在法国的季志仁收集两国的木刻版画，又请曹靖华收集苏联木刻家的作品。作为对艺术家的答谢，他还一次又一次亲自跑到纸店买来宣纸寄往苏联。鲁迅一生中共收集了 16 个国家的 280 多位版画家的版画原拓作品 2100 余幅，仅德国版画，就收藏了 200 多幅。多年以后，慕尼黑博物馆馆长到鲁迅博物馆拜访，当她看到格拉斯的石版画时，眼睛一亮，兴奋地说："你知道吗，这个在德国已经没有了，跟毕加索的绘画一样，它是价值连城的呀！"因此，我们可以说鲁迅的眼光是独到的，他收藏的是德国最好的版画家的名画。德国版画家中，他尤其钟爱女画家凯绥·珂勒惠支的作品。1931 年，左联青年作家柔石遇害后，鲁迅特意选了珂勒惠支的一幅木刻《牺牲》，发表在《北斗》杂志的创刊号上，表达纪念之情。此外，他多次举办版画原拓展览，还编印了《近代木刻选集》《比亚兹来画选》《新俄画选》《苏联版画选》和《凯绥·珂勒惠支版画选集》等 11 册版画集，借此推动由他倡导的中国新兴木刻运动。

的确，除了大量购藏外国版画，鲁迅还大力倡导中国现代版画运动，与近 50 位青年版画工作者保持密切联系，堪称中国现代版画艺术运动的开拓者和奠基人，更是中国版画收藏的第一大家，仅中国新兴木刻版画在萌芽时期的原创作品就有 2000 多幅，约占其藏品总量的三分之一。为了让世界各国了解中国新兴的木刻，1934 年，鲁迅从自己和宋庆龄收藏的木刻作品中选出中国青年木刻家的 200 余幅，由法国记者带往巴黎、柏林、莫斯科等城市展出，为向世界推介中国木刻艺术做出了巨大的贡献。

其 他

鲁迅还喜欢收集陶瓷、陶俑。在北京西三条胡同的鲁迅故居，有几件鲁迅收藏的明清青花瓷器碗。其中有明代天启年间的青花碗，还有康熙年间的斗笠青花碗。上海鲁迅纪念馆则藏有鲁迅用过的瓷质烟缸、酱色釉牛摆件和红釉金鱼瓶等。鲁迅还收藏了 38 件人物陶俑和 19 件动物陶俑。其中唐三彩俑数量最多，而且大部分是精品。如白釉陶武士唐俑，仪表堂堂，表情生动，形神兼备，是中国古俑作品中的精品。青釉狮子、朱绘陶马、陶绵羊、小鸟等动物俑也都极为难得。

1927 年 7 月，鲁迅应邀赴西安讲学。有一天，他跟孙伏园一起逛古董铺，看到一个动物石雕，同行的孙伏园不知为何物，鲁迅一眼看出那是鼠，收藏家的眼光自有过人之处。

此外，鲁迅还喜欢收藏信笺和藏书票等。鲁迅从不以藏书家自居，但他的藏书高达 13000 余万册，说鲁迅是藏书家也并不为过。

走进鲁迅的收藏世界，我们仿佛走进了一个琳琅满目的私人文化博物馆。

破帽遮颜过闹市

——不修边幅的鲁迅

鲁迅在《自嘲》中有一句诗“破帽遮颜过闹市”，我们在鲁迅的照片中看到的都是他倔强而浓密的头发，没见过他有一顶破帽子。天冷戴帽子本是人之常情，查《鲁迅日记》，无论在北京还是在厦门，无论在广州还是后来定居上海，鲁迅都有买帽子的记录。在生活中，鲁迅也的确有戴“破帽”的习惯。据朋友马幼渔的女儿，后来的北大校花马珏回忆，她十几岁时第一次见到鲁迅，就对他的那顶“破的一丝一丝”的旧毡帽印象颇深。时隔多年，1932 年深秋，鲁迅回北平探望母亲，被北师大的学生请去演讲，还是戴着一顶“油晃晃”的帽子。现场有学生跟他开玩笑：“周先生，你那顶帽子戴了多少年了?”先生笑而不答。

帽子是破的，发型自然也好不到哪儿去。马珏说他既不是分头，也不是平头。查《鲁迅日记》，他一般是两个月理一次发。有时候忙起来，就忘了理发，乱蓬蓬的像一团草。有一回，朋友们开他玩笑："豫才，你的'地球'怎么还不削一削？多难看！"鲁迅一本正经地说："噢！我掏腰包，你们好看！"据说，有一天，鲁迅在街头遇到一个挑着担子沿街剃头的人，出于职业的本能，那人对鲁迅的发型实在看不惯，问他："您这头发都这样了，该理了吧？"鲁迅老大不高兴："我这头发跟你有什么关系？"在北大旁听过鲁迅课的董秋芳这样评价鲁迅的发型："发却又长又硬，看去恰像一个黑的棕树头。"据周作人的女儿周静子回忆，她曾经很好奇地问鲁迅："大爹，大爹，为什么您老不剃头？"鲁迅眉头一皱，而后又笑了，说道："是的，大爹要留长头发，梳你们一样的小辫子呀。"当初，鲁迅的发型也给许广平留下了很深的印象："首先惹人注意的便是他那大约有两寸长的头发，粗而且硬，笔挺的竖立着，真当得'怒发冲冠'的一个'冲'字，一向以为这句话有点夸大，看到了这，也就恍然大悟了。"直到两人开始恋爱后，鲁迅才稍稍注意了自己的发型。看来不仅"女为悦己者容"，男人也同样如此。

马珏曾对父亲说："周老伯的样子很奇怪。我当初想他一定是着西装，皮鞋，头发分得很光亮的。他的文章是这样漂亮，他的服装为什么这样不讲究呢？"的确，鲁迅之不修边幅，简直到了邋遢的地步。许广平记得第一次上鲁迅课时的印象："突然一个黑影子投进教室来了。……褪色的暗绿夹袍，褪色的黑马褂，差不多打成一片。手弯上、衣身上的许多补丁，则炫着异样的新鲜色彩，好似特制的花纹。皮鞋的四周也满是补丁。人又鹘落，常从讲坛跳上跳下，因此两膝盖的大补丁也掩盖不住了。一句话说完，一团的黑。那补丁呢，就是黑夜的星星，特别熠耀人眼。"鲁迅这种"一团黑"的打扮，在他的作品中也多有反映：《非攻》中的行动敏捷而又穿着粗放的墨子，《铸剑》中那个复仇的黑衣人，以及《过客》中那个步履匆匆又衣衫褴褛的过客，这些人身上都有鲁迅自己的影子。他还在诗中写到“吟罢低眉无写处，月光如水照缁衣”，“缁衣”就是黑衣。

一件长衫，他常常是从端午一直穿到重阳，一穿就是半年，而且是二三十年一贯制。1926 年鲁迅从北京南下厦门，路过上海，几个老朋友请他吃饭，其中有他在杭州两级师范学校时的同事夏丏尊。夏看到鲁迅还穿着 20 年前那种洋官纱长袍，就笑着问：“依旧是洋官纱吗?”鲁迅苦笑着回答：“呃，还是洋官纱。”去大学演讲，他也还是穿着他那件“糊满了尘土的破旧棉袍”。更有甚者，有一回他在躺椅上拿着烟卷睡着了，结果棉袍烧出个半尺宽的大洞，他也照穿不误。在厦门时，即使去见大名鼎鼎的太虚和尚，他也“只穿一件蓝洋布大衫”。

在北平教育部任职时，鲁迅的裤子还是 20 多年前留学时代穿的，已经补了多少回。鲁老太太实在看不下去了，就让夫人朱安给他做了件新棉裤，偷偷地放在鲁迅床上，指望他能在不注意时穿上。谁知道鲁迅一看见，就给扔了出来。

在上海时，他的蓝布夹袄破了，许广平买了一些蓝色毛葛另给他做了一件，他却死活不肯穿，说穿在身上滑溜溜的，不舒服。许广平没辙，只好送给别人。直到鲁迅生命的最后一年，许广平给他做了一件棕色湖绉长袍，他才勉强穿了几回，这可以说是他平生穿的最讲究的一件衣服。

刚从日本回国那阵子，他还穿过皮鞋，后来就只穿布鞋，布袜。据萧红回忆，鲁迅“脚穿黑帆布胶皮底鞋”。“胶皮底鞋夏天特别热，冬天又凉又湿，鲁迅先生的身体不算好，大家都提议把这鞋子换掉。鲁迅先生不肯，他说胶皮底鞋子走路方便。”现在上海鲁迅公园里的鲁迅雕像，鲁迅穿着夹袍，端坐在他兼作卧室的书房里的藤椅上，脚上是一双单面胶鞋。这总让人有一种凉飕飕的感觉，有替他换双布鞋暖暖脚底的冲动。鲁迅的确有一双胶鞋，但只是在外出时才穿，在家里并不穿。据周海婴介绍，鲁迅在家更多的是穿托了橡胶底的帆布鞋，而不是橡胶鞋。至于袜子，那颜色要么是黑色的，要么是咖啡色的，而且袜子上还常常落着补丁。

鲁迅如此“邋遢”，有他自己的解释。他曾对孙伏园说：“一个独身的生活，决不能常往安逸方面着想的。岂但我不穿棉裤而已，你看我的棉被，也是多少年没有换的老棉花，我不愿意换。你再看我的铺板，我从来不愿意换藤绷或棕绷，我也从来不愿意换厚褥子。生活太安逸了，工作就被生活所累了。”的确，在北京时，鲁迅生活的节俭简直到了寒酸的地步，他的房中只有床铺、网篮、衣箱、书案这几样东西。什么时候出走，他只要把铺盖一卷，随便捎几件衣物就可以上路了。

鲁迅在《上海的少女》一文中，关于穿着曾有过一段妙论：“在上海生活，穿时髦衣服的比土气的便宜。如果一身旧衣服，公共电车的车掌会不照你的话停车，公园看守会格外认真的检查入门券，大宅子或大客寓的门丁会不许你走正门。所以，有些人宁可居斗室，喂臭虫，一条洋服裤子却每晚必须压在枕头下，使两面裤腿上的折痕天天有棱角。”在这方面，鲁迅是有切身体会的。有一次，鲁迅穿得灰头灰脸的去饭店见一个英国人，在饭店门口就吃了闭门羹，把门的让他从后门进去。那英国人住在七楼，鲁迅搭乘电梯，那个电梯司机根本不搭理他，鲁迅说：“到七楼去。”人家从头到脚把鲁迅打量了一番，说道："出去！"没办法，鲁迅只好从一楼徒步走上七楼。后来那英国人恭敬地把鲁迅送到电梯上，电梯司机才意识到这个不起眼的小老头也许是个大人物，脸上无比尴尬。

鲁迅不喜欢穿新衣服跟他的童年经历有关。小时候每次穿上新衣服，家人总是告诫他不要弄脏了，弄皱了。结果鲁迅坐也不是，站也不是，感觉很不自由。鲁迅成年后不喜欢穿新衣服，也许是出于一种逆反心理，只是这种逆反心理走向了极端。有时候吃完了点心糖果，手边没有抹布，他干脆就往身上一抹。当然，鲁迅不修边幅也许还受了他的老师藤野先生的影响。"这藤野先生，据说是穿衣服太模糊了，有时竟会忘记带领结；冬天是一件旧外套，寒颤颤的，有一回上火车去，致使管车的疑心他是扒手，叫车里的客人大家小心些。"鲁迅初到内山书店购书的时候，看他邋邋遢遢的样子，店里负责的一个日本人也曾经提醒过店员：注意这个人，他可能会偷书！

1932 年深秋，鲁迅回北京看母亲，带的御寒衣物较少。许广平在信中说，如果在北京找不到旧衣服，"即做新的也不要紧，较之受冷生病好多了"。许广平深知鲁迅"跟新衣服有仇"，所以才这么说。也是在北京探亲期间，为了给海婴买玩具，鲁迅穿得鼓鼓囊囊的逛西单商场，"万分臃肿，举动木然，故贼一望而知为乡下佬也"，结果被扒手偷去了两块多钱。

鲁迅不修边幅，自己也不大注意别人的衣裳，他说："谁穿什么衣裳我看不见的……"但是对于穿衣之道却似乎颇有研究。他曾经说过："妓女的装束，是闺秀们的大成至圣先师。"有一次萧红"穿着新奇的火红的上衣，很宽的袖子"，到鲁迅家里。她问鲁迅："周先生，我的衣裳漂亮不漂亮？"鲁迅从上往下看了一眼，说道："不大漂亮。"也许怕伤了萧红的自尊，过了一会儿，鲁迅又解释道："你的裙子配得颜色不对，并不是红上衣不好看，各种颜色都是好看的，红上衣要配红裙子，不然就是黑裙子，咖啡色的就不行了，这两种颜色放在一起很混浊。你这裙子是咖啡色的，还带格子，颜色混浊得很，所以把红衣裳也弄得不漂亮了。"鲁迅接着说："人瘦不要穿黑衣裳，人胖不要穿白衣裳；脚长的女人一定要穿黑鞋子，脚短就一定要穿白鞋子；方格子的衣裳胖人不能穿，但比横格子的还好；横格子的，胖人穿上，就把胖子更往两边裂着，更横宽了，胖子要穿竖条子的；竖的把人显得长，横的把人显得宽……"鲁迅说起来滔滔不绝，好像意犹未尽，又把以前萧红穿的那双短筒靴子也褒贬了一番。说她的短筒靴是军人穿的，因为靴子的前后都有一条线织的拉手，这拉手应该是放在裤子下边的。萧红实指望鲁迅会对自己的新衣服夸奖一番，想不到被他老人家说了个一无是处，嘴上不服："周先生，为什么那靴子我穿了许久而不告诉我，怎么现在才想起来呢?"鲁迅笑道："你不穿我才说的，你穿的时候，一说你该不穿了。"

不过话说回来，鲁迅在穿着方面马马虎虎，在其他方面可是一丝不苟，他用过的东西都非常整齐，什么东西都有固定的位置。他对待自己的书籍文具，总是奉若珍宝。书脏了，他会用衣服去擦。如果手不干净，他是不会翻书的。别人借了他的书，如果弄脏了，他就不肯要了，宁可自己再买一本。休息的时候，他喜欢自己包书。身边的字纸篓从不扔果皮或花生皮之类，如果别人丢进去，他也会重新取出来。在这方面，也许得益于他父亲的影响。鲁迅的父亲周伯宜就很爱整洁。即使在病重的时候，也是如此。有一次他看见夫人鲁瑞拴一条挂毛巾用的绳子，一边高一边低，他就提出要她重新钉过，但鲁瑞因为事情多没有照办，他就自己动手。当时已经没有力气了，可他还是一边呻吟着一边把绳子挂整齐。

穿着上邋邋遢遢，其他方面却一丝不苟，这两种截然不同的风格交织在鲁迅身上，就产生了耐人寻味的反差。

运交华盖欲何求

——颠沛流离的鲁迅

鲁迅有一首《自嘲》，开头说："运交华盖欲何求，未敢翻身已碰头。"这也许是他一生命途多舛的真实写照。他在1930年写过一篇简短的自传，在自传中，他多次使用"走出"一词概括自己一生中一次次主动或者被迫的逃离。纵观鲁迅一生，他的"走出"经历，居然多达16次。

第1次"走出"，避难皇甫庄

本来，鲁迅家里有四五十亩水田，过着相当殷实的生活。然而，1892年，由于祖父为参加乡试的儿子和亲友马、顾、陈、孙、章五姓子弟赴苏州贿赂主考殷如漳，结果科场案发，鲁迅父亲受到斥革，被取消乡试资格，祖父被判处"斩监候"。家里人担心孩子会受到牵连，便把鲁迅送到皇甫庄外婆家避难。年仅12岁的鲁迅寄居在舅舅家，一度被视为"乞食者"，他"于是决心回家"。在最敏感的少年时期，这样的生活遭遇也许会影响人的一生。而这次长达一年多的避难生活，似乎也预示着鲁迅一生的颠沛流离。

第2次“走出”，逃异路，考入水师学堂

祸不单行，鲁迅13岁那年，父亲又一病不起。本来，为了祖父的案子家里花钱打点，在经济上就已经捉襟见肘了，父亲的病更让这个家庭雪上加霜。在花光了家里的积蓄之后，父亲仍无可挽回地走向死亡。家族的败落，让鲁迅看清了世态炎凉。“有谁从小康人家而坠入困顿的么，我以为在这途路中，大概可以看见世人的真面目。”他一心想摆脱周围的环境。但是，到哪里去呢？后来鲁迅回忆自己当时寻求出路时的种种想法：“S城人的脸早经看熟，如此而已，连心肝也似乎有些了然。总得寻别一类人们去，去寻为S城人所诟病的人们，无论其为畜生或魔鬼。”当时绍兴有一所刚开不久的“中西学堂”，“汉文之外，又教些洋文和算学”。即使如此，也已经被当地的“熟读圣贤书的秀才们”嘲讽得体无完肤。鲁迅对这所学校并不满意，“因为那里面只教汉文、算学、英文和法文”。功课较为别致的，还有杭州的求是书院，然而学费贵，不是鲁迅这样穷人的孩子能够上得起的。当时只有南京有不收学费的学校。于是，母亲流着眼泪为18岁的鲁迅置办了8元钱的盘缠，又流着眼泪送他上路。毕竟，在当时的人们看来，读书考科举才是正路，只有走投无路的人才会去学洋务，才会“将灵魂卖给鬼子”。后来鲁迅说：“我要到N进K学堂去了，仿佛是想走异路，逃异地，去寻求别样的人们。”N指的是南京，K指的是江南水师学堂。

鲁迅于1898年5月考取了江南水师学堂。每周的功课是四天读英文，一天读《左传》，一天作古文。很快，他就发现

这是一所“乌烟瘴气”的学校，高年级的学生走起路来，“便是空着手，也一定将肘弯撑开，像一只螃蟹”。学校里本来有个游泳池，由于淹死过学生，便被填平了，还在上面建了一所关帝庙。“爬了几次桅，不消说不配做半个水兵”，在这样的地方不可能获得真才实学。

第 3 次 “走出”，转投矿路学堂

“大约过了半年，我又走出，改进矿路学堂去学开矿。”1898 年 10 月，鲁迅又投考江南陆师学堂新附设的矿务铁路学堂，这是两江总督刘坤一创建的一所学校。这所学校课程设计较为丰富，涉及物理学、地质学、矿物学等诸多领域。对鲁迅来说，都是非常新鲜的课程。1902 年 1 月，鲁迅以全校第三名的成绩从矿路学堂毕业后，由两江总督批准赴日本留学。

第 4 次 “走出”，从东京到仙台

“但待到在东京的预备学校毕业，我已经决意要学医了。”1904 年 4 月，鲁迅自弘文学院结业，完成了日语学习的学业。当时在清朝留学生中有很多人是为了混文凭将来回国做官的，鲁迅对这些人极端厌恶。为了避开这些留日学生，他决定到一所远离东京的学校去学习。后来，同学王立才告诉鲁迅，仙台医学专门学校地处偏僻，没有一个中国留学生，鲁迅便决定去仙台。仙台医学专门学校热情欢迎鲁迅的到来，并对他实行免试入学待遇。不仅如此，还免收学费，免收入学金。当地报纸也不止一次报道了鲁迅这位“中国留学生”的消息。学校对鲁迅也十分优待，他在教室里的座位被安排在教室前二三排的中间，堪称黄金位置。

然而即便如此，在仙台也还是居无定所。开始是住在“田

中宅”旅店，开学后不久，即由“田中宅”旅店搬往“佐藤屋”公寓。班长铃木逸太郎开学不久曾专门来公寓看望鲁迅，关心他的生活情况。到了这一年的冬天，又由“佐藤屋”迁往“宫川宅”公寓住宿。原因是学校有关职员担心“佐藤屋”公寓在监狱附近，同时会给犯人做饭，让留学生住在这样的地方很不合适，又让鲁迅再次搬迁。“宫川宅”公寓虽然不给犯人做饭，可是每天必须喝用大酱和地瓜秧做的难以下咽的芋梗汤。鲁迅在写给好友蒋抑卮的信中对住宿条件之差叫苦不迭。他把在东京住过的公寓“东樱馆”幽默地称为“乌托邦”，将“贵临馆”喻为“华严界”，并说在仙台这样的公寓是“绝不可得”的。

第5次 “走出”，从仙台回到东京

“这时正值俄日战争，我偶然在电影上看见一个中国人因做侦探而将被斩，因此又觉得在中国医好几个人也无用，还应该有较为广大的运动……先提倡新文艺。我便弃了学籍，再到东京，和几个朋友立了些小计划，但都陆续失败了。我又想往德国去，也失败了。”在经历了著名的“幻灯片事件”之后，鲁迅1906年3月离开仙台，6月入东京德语学校。在仙台医专学习的基础上，继续学习德文。为阅读和翻译做准备。创办《新生》杂志，应该是他的所谓“小计划”之一。然而，“《新生》的出版之期接近了，但最先就隐去了若干担当文字的人，接着又逃走了资本，结果只剩下不名一钱的三个人。创始时候既已背时，失败时候当然无可告语，而其后却连这三个人也都为各自的运命所驱策，不能在一处纵谈将来的好梦了，这就是我们的并未产生的《新生》的结局。”杂志办不成，译书总可以吧，然而还是不行。他和周作人一起翻译的《域外小说集》

第一集印了1000本，结果卖了半年，只卖出21本，其中有1本还是朋友许寿裳特意自己买来，看看书店是不是按原价出售的。第二集印了500本，结果呢，只卖出去20本。他们当时的译文风格颇为古奥，销量不大也在情理之中。

第6次“走出”，从杭州到绍兴

“终于，因为我底母亲和几个别的人很希望我有经济上的帮助，我便回到中国来。”当时鲁迅已经和朱安结婚，周作人也于1909年6月在日本与羽太信子结婚。家庭生活的经济压力陡然变大，鲁迅只好于1909年8月结束留学生活，回到国内。“我一回国，就在浙江杭州的两级师范学堂做化学和生理学教员，第二年就走出。”说起来，浙江两级师范学堂是浙江省的最高学府，教员大部分是日本留学生，科学和民主气氛较浓。按说鲁迅在这所学校教学应该说是蛮不错的。谁料想原来的学堂总监督沈钧儒被选为浙江省谘议局副议长，他辞去了学堂的职务。浙江巡抚增韫为了控制该校，特地委派一贯以道学自命，尊王尊经的浙江教育总会会长夏震武任学堂监督。夏震武迂腐至极，顽固不化。他一到任，便与教员之间发生了激烈的冲突。最终，鲁迅等教员与学生一道，通过斗争，赶走了外号“夏木瓜”的夏震武，获得了“木瓜之役”的彻底胜利。想不到，第二年又来了一个御史出身的旧派人士徐定超继任监督。鲁迅对徐定超的作为同样看不惯，就在学期结束后回了绍兴。这也就是他所说的“第二年就走出”。

第7次“走出”，失业在家

鲁迅于1910年7月从浙江两级师范学堂辞职后，“到绍兴中学堂去做教务长，第三年又走出，没有地方可去，想在一个书店去做编译员，到底被拒绝了。”在担任教务长期间，面对学校因考试而引发的学潮，鲁迅的心情颇为矛盾。他在1910年12月写给好友许寿裳的信中说：“府校迩来大致粗定，藐躬穷奇，所至颠沛，一遘于杭，两遇于越，夫岂天而既厌周德，将不令我索立于华夏邪?”表达了命途乖舛的无奈与极为自信的情怀。

到第二年，他的厄运有增无减，在1911年1月写给许寿裳的另一封信中他诉说了自己内心的苦闷：“仆归里以来，经二大涛，幸不颠陨，顾防守攻战，心力颇瘁。……越中理事，难于杭州……上自士大夫，下至台隶，居心卑险，不可施救。”到后来，则更加绝望地认为“越中棘地不可居”。“今年在校，卒卒鲜暇，事皆琐末猥杂，足浊脑海，然以饭故，不能立时绝去，思之所及，辄起叹喟；与去年在师校时，课事而外更无余事者，有如天渊。”看得出来，学校的生活让他的忙碌困苦与日俱增。暑假到了，他毅然辞去了绍兴府中学堂的一切职务，主动“下岗”在家。

第8次“走出”，避难“三一八”

辛亥革命后，革命政府在南京成立，由于许寿裳向教育部长蔡元培推荐鲁迅，于是，“教育部长招我去做部员，移入北京”。

1926年“三一八惨案”发生后，段祺瑞政府在密令严拿李大钊等五人的同时，还列了一个50人（一说48人）的黑名单，密令军警缉捕。北京《京报》登载的《三一八惨案之内幕种种》一文，证实了这一消息。3月26日，在友人敦促下，鲁迅决定暂时离寓避难，第一个去处是北京西城锦什坊街九十六号莽原社。3月28日的傍晚，有三四个青年突然来到莽原社，自称对《莽原》很崇拜，特来拜访，问收不收外稿。这几个人并不认识鲁迅，鲁迅便故意装作乡下人，说他一切都不懂，无法答复他们的疑问。于是，访问者便悻悻而去。鲁迅疑心他们是侦探，怕再来找麻烦，便于第二天凌晨称病转入山本医院暂避。4 月 15 日，随着北京形势的日益紧张，在友人齐寿山、许寿裳的帮助下，由山本医院移往东交民巷德国医院。在德国医院，鲁迅和许寿裳及其他相识者十余人聚居在“一间破旧什物的堆积房”，“夜晚在水门汀地面上睡觉，白天用面包和罐头食品充饥”。4 月 26 日，再由德国医院移居法国医院，继续避难。直到 5 月 2 日，才结束长达 1 个多月的避难生活，回到家中。

第 9 次 “走出”， 从北京到厦门

1926 年 8 月，鲁迅从教育部的辞职，同时他与许广平恋爱关系升级，在北京实在不能再待下去了。在林语堂的举荐下，厦门大学决定聘请鲁迅到校任教。鲁迅在自传中说：“到一九二六年，有几个学者到段祺瑞政府去告密，说我不好，要捕拿我，我便因了朋友林语堂的帮助逃到厦门，去做厦门大学教授。”说的就是这一段经历。

1926 年 8 月 26 日，鲁迅从北京起程，经过 10 天的旅途颠簸，终于在 9 月 4 日来到厦门。

第 10 次 “走出”， 从厦门到广州

在厦门大学，鲁迅开始暂住在生物学院大楼三层。这座楼位于海边的小山岗上，石阶高达九十六级。由于厦门大学草创不久，人少地荒，楼前地上常有蛇虫出没。后来，鲁迅看不惯校长林文庆的做派，称他为“英国籍的中国人”，当然，他跟

许广平的恋情也已经发展得如火如荼。仅仅几个月的时间，鲁迅就决定离开厦门大学，前往广州。

1926 年 11 月，鲁迅得到中山大学寄来的聘书，于是他决定离开厦门大学，到中山大学任教。1927 年 1 月 16 日，他搭乘苏州轮离开厦门，前往广州。

第 11 次 “走出”，从大钟楼到白云楼

1927 年 1 月 18 日，鲁迅到达广州，当天晚上就去见许广平。1 月 19 日，鲁迅搬进中山大学，住在学校里最高的大钟楼。不过，鲁迅在中山大学也没待多久，他听文学院长傅斯年说他讨厌的顾颉刚要来校任教，便勃然大怒，说：“他来我就走！”态度异常坚决。后来干脆搬出学校，在广州白云路租了白云楼的一层和许寿裳、许广平合住。

第 12 次 “走出”，从广州到上海

继“四一二”之后，国民党反动势力又策划了广州“四一五”大屠杀，形势万分危急。鲁迅遂于 4 月 21 日辞去中山大学的一切职务。后来，在《革“首领”》一文中，鲁迅描述了自己的遭遇：“这两年来，我在北京被‘正人君子’杀退，逃到海边；之后，又被‘学者’之流杀退，逃到另外一个海边；之后，又被‘学者’之流杀退，逃到一间西晒的楼上，满身痱子，有如荔枝……”这段话概括了他从北京到厦门，从厦门到广州，再从大钟楼到白云楼的三次“走出”经历。用他自己的话来说，就是——“华盖罩命，晦气临头”。

1927 年 9 月 27 日，鲁迅和许广平一道，离开广州，途径香港，向上海迁移。

第 13 次 “走出”， 通缉令下的逃难

鲁迅生命的最后十年是在上海度过的。即使在上海期间，鲁迅仍然过着颠沛流离的生活，先后四次避难。他曾这样调侃自己：“用脚逃跑比用手写作还要忙。”

1930 年 3 月 19 日，鲁迅因参加“自由大同盟”“左翼作家联盟”等集会，国民党浙江省党部呈请通缉他，鲁迅第一次避难在外，寄寓在日本友人内山完造家中。每隔两三天，许广平抱着海婴去探望一次，在避难中看到爱子，对鲁迅来说是莫大的安慰。后来，他的学生李秉中（官拜国民党少将）曾经提议，只要鲁迅愿意，自己可以帮忙为他解除通缉令，鲁迅呢，硬是没领这个情。所以，直到鲁迅逝世，该通缉令也一直未解除。

第 14 次 “走出”， 挈妇将雏鬓有丝

1931 年 1 月 17 日，由于柔石被捕，口袋里还装着鲁迅和北新书局所订的合同，当局向柔石逼问鲁迅的住处，柔石拒不透露。鲁迅感到情势危急，连夜烧掉朋友们的信札，1 月 20 日，“挈妇将雏”迁入日本人开设的花园庄旅馆，开始了他在上海的第二次避难。直到 2 月 28 日，才结束避难生活，回到家中。前后共计 39 天。

第 15 次 “走出”， 逃难 “一·二八”

1932 年上海“一·二八”事变爆发，当天下午，鲁迅已经发觉寓所附近形势紧张，由于日军连日增兵，且向上海市国民党政府发出最后通牒，他所住的四川北路一带，已经有不少人开始仓皇迁移了。鲁迅本来不打算离家避难，只让许广平多

买些食品，准备短时间不出家门。可是晚间他正在写作时，战争突然爆发。子弹呼啸而过。一家老小赶紧躲到楼下，就在这时，一颗子弹从鲁迅的书桌旁洞穿而入。鲁迅事后回忆起，“真有命在旦夕之慨”。

等到1月30日，天色微明，听到敲门声。原来是大队日军前来检查。因鲁迅一家都是妇孺老弱，他们才悻悻离去。内山完造建议他们搬到他的书店暂住。下午，鲁迅接受了内山的建议，带着几件衣被，搬到内山书店的楼上，过着几个人挤在一起大被同眠的生活。他们在黑暗沉闷的日子里度过了整整一个星期。

然而，到2月6日，也就是大年初一。因四川北路的内山书店处也处在交战区之内，很不安全，只好再次迁移。鲁迅一家和周建人一家，当天下午一起迁往上海三马路英租界内山书店支店。十人一室，席地而卧。鲁迅说，当时“一无所携，只自身及妇竖共三人耳”。直到3月14日，才最后结束这段避难生活，回到家中。

第16次 “走出”，惊弓之鸟？

1934年8月23日，因为与鲁迅熟识的内山书店店员被捕，鲁迅担心自己会受到牵连，便离家避难于“千爱里”，直到9月18日晚上才回到住所。

曹聚仁认为鲁迅似乎过于敏感，高估了自己处境的危险程度，以鲁迅在国人心目中的崇高威望，当时国民党政府是不敢拿他怎样的。然而，新中国成立后，曾做过国民党特务的沈醉告诉周海婴，他们当年的确曾奉命监视过鲁迅一家。看来，鲁迅的担心并非多余。但是，以国民党特务机关的工作效率，他们想找到鲁迅，应该不是很困难的事。那鲁迅为什么总是有惊无险呢？其中缘由，耐人寻味。

积毁可销骨，空留纸上声

——流言缠身的鲁迅

鲁迅说过：“我一生中，给我大的损害的并非书贾，并非兵匪，更不是旗帜鲜明的小人，乃是所谓‘流言’。”的确，终其一生，鲁迅似乎从未摆脱流言的缠绕。

少年鲁迅就曾饱尝流言之苦。父亲去世后，鲁迅常到邻居衍太太家聊天，说起来很多想买的东西没钱去买，衍太太说：“母亲的钱，你拿来用就是了，还不就是你的么？”他说母亲没有钱，衍太太就说可以拿首饰去变卖。他说母亲没有首饰，衍太太却道：“也许你没有留心。到大橱的抽屉里，角角落落去寻去，总可以寻出一点珠子这类东西……”鲁迅觉得这话别扭，便不再到衍太太家里去了。想不到，没多久就听到一种流言，说鲁迅已经偷了家里的东西去变卖了！多年之后，鲁迅还清楚地记得当时的感受："这实在使我觉得有如掉在冷水里。流言的来源，我是明白的，倘是现在，只要有地方发表，我总要骂出流言家的狐狸尾巴来，但那时太年青，一遇流言，便连自己也仿佛觉得真是犯了罪，怕遇见人们的眼睛，怕受到母亲的爱抚。"

然而这似乎只是鲁迅一生为流言所困的开始，在后来的岁月中，他几乎始终处在各种流言的包围之中。

在日本仙台学医时，鲁迅的学年考试成绩在全班 142 名学生中排到第 68 名。由于该校对学业要求甚严，全班有 30 名学生未能升级。对于鲁迅这样一名外国学生而言，这个成绩已是相当不错了。据他的同班同学回忆，鲁迅在学习上是非常努力的。然而，接着就有学生干事前来要去了鲁迅的讲义，由于讲义上有藤野先生批改的痕迹，他们就认定鲁迅得到了教师的帮助，才取得这个成绩。鲁迅把这件事告诉了藤野先生，班里几个要好的同学也为他说话，向学生干事讨个公道。最后，"流言消灭了"。鲁迅颇有感慨地说："中国是弱国，所以中国人当然是低能儿，分数在六十分以上，便不是自己的能力了，也无怪他们疑惑。"

再后来，鲁迅有一次在日本公园里帮一个日本女人抱孩子，恰巧被同乡看到了，于是传播开来，说鲁迅在日本已经娶妻生子了。这还了得！母亲赶紧发电报把鲁迅召回家，与朱安成亲。流言之毒，让鲁迅苦不堪言。

在北京期间，关于鲁迅的流言之盛，堪称"蔚为大观"。

早在 1924 年，就有人撰文声称：鲁迅毁谤中国，是因为娶了日本女人，所以替他们宣传本国的坏处。鲁迅在《说胡须》一文中调侃地说道："我先前不过单举几样中国的缺点，尚且要带累'贱内'改了国籍……"

1925 年，北京女师大风潮期间，陈西滢在《现代评论》上发表《闲话》说：“以前我们常常听说女师大的风潮，有在北京教育界占最大势力的某籍某系的人在暗中鼓动，可是我们总不敢相信。”“还是不信我们平素所很尊敬的人会暗中挑剔风潮。”意指鲁迅等浙江籍北大国文系的教员鼓动学潮。鲁迅随后在《我的“籍”与“系”》一文中对此予以反击。

1925 年 10 月 26 日，段祺瑞政府邀请英、美、法等十二国在北京召开所谓“关税特别会议”，企图与各帝国主义国家签署新的关税协定。北京各学校、各团体五万余人当日在天安门集会反对，主张关税自主。赴会群众遭到大批武装警察的阻止和殴打，受伤十余人，被捕数人。次日，《社会日报》“爆料”说：“周树人（北大教员）齿受伤，脱落门牙二。”这次的流言拿鲁迅的门牙说事。结果第二天鲁迅上课时，班上就有 20 多个学生缺席，他们以为鲁迅既然被“打落门牙”，那一定是要请病假的。还有些朋友或当面问候，或来信探问，有个朋友甚至直接跑到中央医院去看望“受伤的”鲁迅，结果扑了个空。其实，群众集会时鲁迅根本不在现场。而且，鲁迅的门牙在 1923 年就掉了，是他坐车时从车中摔下来磕掉的。

1926 年 1 月 30 日的《晨报副刊》则因为大量发表诽谤攻击鲁迅的文章，而被人称作“攻周专号”，对鲁迅的攻击也因此而达到了“登峰造极”的地步。

1926 年底，鲁迅决定离开厦门大学，前往广州。厦门大学校长林文庆眼看着留不住鲁迅，便开始散布关于鲁迅的流言，说鲁迅到厦门“原是来捣乱的，并非预备要教书的，所以北京的各种职务都没有辞掉”。鲁迅离开北京前，先后辞掉北京各高校教职，这在《鲁迅日记》中是有详细记录的，林文庆所言显然又是一次无视事实的造谣。

1927 年，广州“四一五”事变之后，当地又盛传鲁迅“出亡”的消息。有人说鲁迅“因亲共而躲避”，有人更是言之凿凿地说鲁迅已逃往汉口。其实，鲁迅哪儿都没去，一直就住在广州白云楼上。

定居上海后，鲁迅似乎终于结束了颠沛流离的生活，然而关于鲁迅的流言并没有随着他生活的暂时安定而平息。1931 年 1 月 21 日，天津《益世报》载文，称鲁迅在上海担任红军领袖，已经被当局逮捕。随后，1 月 25 日，该报则进一步报道说，鲁迅曾受到刑讯。这些消息，让鲁迅的朋友格外牵挂。鲁迅只好一一去信辟谣。1931 年 2 月 5 日，他在写给朋友的信中，谈到自己到上海后听到的流言：“我自寓沪以来，久为一班无聊文人造谣之资料，忽而开书店，忽而月收版税万余元，忽而得中央党部文学奖金，忽而收苏俄卢布，忽而往莫斯科，忽而被捕，而我自己，却全不知道有这么一回事。”1931 年 3 月 6 日，他在写给李秉中的信中说：“近数年来，上海群小，一面于报章及口头盛造我之谣言，一面又时有口传，云当局正在索我甚急云云。”“此间似有一群人，在造空气以图构陷或自快。”

到 1931 年九一八事变之后，关于鲁迅的流言，又有了“亲日”“汉奸”的名目，甚至有人捕风捉影地说“鲁迅已逃走了”“已往日本做‘顺民’去了”。而且，造谣者甚至连海婴和许广平也不放过。

1933 年，中国民权保障同盟的干事杨杏佛被国民党特务暗杀。有人在《社会新闻》上撰文造谣说，左翼作家“胆子最小而脚步最快的”纷纷离沪，说什么“鲁迅赴青岛，沈雁冰在浦东乡间”。鲁迅在他的《伪自由书·后记》中给予痛斥说：“代我设想的恐怖，其实是不确的。否则，一群流氓，几支手枪，真可以治国平天下了。”表现了一种大义凛然的斗争精神。

1934 年，有的报纸不负责任地登载消息，说鲁迅罹患脑炎。鲁迅写了一首《报载患脑炎戏作》。

横眉岂夺蛾眉冶，不料仍违众女心。

诅咒而今翻异样，无如臣脑故如冰。

当然，对鲁迅伤害最大的一次流言是关于他的《中国小说史略》涉嫌“抄袭”的事件。

早在 1925 年 11 月 21 日，陈西滢在《现代评论》第二卷第五十期的《闲话》里，就曾针对当时著述界盛行的“剽窃”或“抄袭”，含沙射影地诬蔑鲁迅说：“很不幸的，我们中国的批评家有时实在太宏博了。他们俯伏了身躯，张大了眼睛，在地面上寻找窃贼，以致整大本的剽窃，他们倒往往视而不见。要举个例么？还是不说吧，我实在不敢再开罪‘思想界的权威’。”在《致志摩》里，他更明白地说鲁迅的《中国小说史略》是抄袭了日本盐谷温的《支那文学概论讲话》：“他（鲁迅）常常挖苦别人家抄袭。有一个学生抄了沫若的几句诗，他老先生骂得刻骨镂心的痛快，可是他自己的《中国小说史略》，却就是根据日本人盐谷温的《支那文学概论讲话》里面的‘小说’一部分。其实拿人家的著述做你自己的蓝本，本可以原谅，只要你在书中有那样的声明，可是鲁迅先生就没有那样的声明。在我们看来，你自己做了不正当的事也就罢了，何苦再去挖苦一个可怜的学生，可是他还尽量的把人家刻薄。‘窃钩者诛，窃国者侯’，本是自古已有的道理。”

一向重视名节的鲁迅，面对这样的诽谤是无法容忍的。在 1926 年 2 月 1 日写的《不是信》一文中，鲁迅对陈西滢进行了具体的驳斥：“盐谷氏的书，确是我的参考书之一，我的

《小说史略》二十八篇的第二篇，是根据它的，还有论《红楼梦》的几点和一张《贾氏系图》，也是根据它的，但不过是大意，次序和意见就很不同。其他二十六篇，我都有我独立的准备，证据是和他的所说还时常相反。例如现有的汉人小说，他以为真，我以为假；唐人小说的分类他据森槐南，我却用我法。六朝小说他据《汉魏丛书》，我据别本及自己的辑本，这工夫曾经费去两年多，稿本有十册在这里；唐人小说他据谬误最多的《唐人说荟》，我是用《太平广记》的，此外还一本一本搜起来……其余分量，取舍，考证的不同，尤难枚举。自然，大致是不能不同的，例如他说汉后有唐，唐后有宋，我也这样说，因为都以中国史实为'蓝本'。我无法'捏造得新奇'。"

直到1935年，日译《中国小说史略》出版，鲁迅在《且介亭杂文二集·后记》中再次反击陈西滢："现在盐谷教授的书早有中译，我的也有了日译，两国的读者，有目共见，有谁指出我的'剽窃'来呢？呜呼，'男盗女娼'，是人间大可耻事，我负了十年'剽窃'的恶名，现在总算可以卸下，并且将'谎狗'的旗子，回敬自称'正人君子'的陈源教授，倘他无法洗刷，就只好插着生活，一直带进坟墓里去了。"

关于鲁迅的种种流言，即使在他死后，依然盛行。1936年冬，鲁迅逝世仅一个月，女作家苏雪林便对鲁迅极尽攻击毁谤之能事。她写了一篇《与蔡孑民先生论鲁迅书》，不仅对鲁迅的著作、性格、为人全面否定，而且，一开口便是赤裸裸的人身攻击："鲁迅这个人在世的时候，便将自己造成一种偶像，死后他的羽党和左派文人更极力替他装金，恨不得教全国人民都香花供养。""鲁迅的心理完全病态，人格的卑污，尤出人意料之外，简直连起码的'人'的资格还够不着。""鲁迅平生主张打落水狗，这是他极端褊狭心理的表现，谁都反对，现在鲁迅死了，我来骂他，不但是打落水狗，竟是打死狗了。”“我不怕干犯鲁党之怒以及整个文坛的攻击，很想做个堂吉诃德先生，首加鲁迅偶像以一矛。鲁迅在世时，盘踞上海文坛，气焰熏天，炙手可热，一般文人畏之如虎，死后淫威尚复如此，更使我愤愤难平了。”

对此，胡适在致苏雪林的信中，不仅反对苏雪林对鲁迅的大肆攻击，而且顺便提到了该为鲁迅“抄袭”事件平反，胡适说道：“通伯（陈西滢）先生当时误信一个小人张凤举之言，说鲁迅之小说史是抄袭盐谷温的，就使鲁迅终生不忘此仇恨！现今盐谷温的文学史已由孙俍工译出，其书是未见我和鲁迅之小说研究以前的作品，其考据部分浅陋可笑。说鲁迅抄盐谷温，真是万分的冤枉。盐谷一案，我们应该为鲁迅洗刷明白。”

看起来，鲁迅《中国小说史略》的“抄袭”事件就此已经水落石出了。然而，1997 年历史学家顾颉刚先生的女儿顾潮在回忆录《历劫终教志不灰》中，又提供了新的材料，书中写道：“鲁迅作《中国小说史略》，以日本盐谷温《支那文学概论讲话》为参考书，有的内容是根据此书大意所作，然而并未加以注明。当时有人认为此种做法有抄袭之嫌，父亲即持此观点，并与陈源谈及，1926 年初陈氏便在报刊上将此事公布出去。”看来，“抄袭”事件的始作俑者并不是张凤举，也许是顾颉刚。而关于鲁迅与顾颉刚之间的恩怨，那又说来话长，已经超出了本文的范畴。

对于流言，鲁迅有许多独到的见解。他说：“造谣是中国社会上的常事。”“谣言这东西，却确是造谣者本心所希望的事实，我们可以借此看看一部分人的思想和行为。”“造谣说谎诬陷中伤也都是中国的大宗国粹。”“笑里可以存刀，自称酷爱和平的人民，也会有杀人不见血的武器，那就是造谣言，但一面害人，一面也害己。”

1926年，鲁迅还曾对流言深恶痛绝，在《记念刘和珍君》中，他说：“惨象，已使我目不忍视了；流言，尤使我耳不忍闻。”后来，面对流言，鲁迅有了自己的一套完整的策略，那就是——不信，不睬，不辩，不洗，不恼。

不信：“‘流言’本是畜类的武器，鬼蜮的手段，实在应该不信它。”

不睬：“上海之文坛消息家，好造谣言，倘使一一注意，正中其计，我是向来不睬的。”

不辩：“近来时被攻击，惯而安之，纵会诬我以可死之罪，亦不想置辩，而至今亦终未死，可见与此辈讲理，乃反而上当耳。”

不洗：“我现在得了妙法，是谣言不辩，诬蔑不洗，只管自己做事，而顺便中，则偶刺之。他们横竖就要消灭的。”

不恼：“对于谣言，我是不会懊恼的，如果懊恼，每月就懊恼几回，也未必活到现在了。……倘有谣言，自己就懊恼，那就中了造谣者的计了。”

古人云：“众口铄金，积毁销骨。”鲁迅一生遭谤，上述言论表明，在流言的纠缠中，鲁迅已经百炼成钢了。

补记：

说起来，随着鲁迅的逝世，关于他的流言也应该烟消云散了，想不到在鲁迅身后，还有好事之徒有意无意制造关于鲁迅的流言。比如有“专家”用“精神分析”理论重新“发现鲁迅”，认为鲁迅的散文《风筝》其实是对妻子朱安的忏悔。用拆字游戏的手法分析题目：风，指的是风流、风情、风骚；而

“风马牛不相及”的“风”则有雌雄相诱，异性相吸的意思。筝，指的是琴瑟，比喻夫妻之和谐。风筝可以倒过来说成是“争风吃醋”。这样解读，想象力不可谓不丰富。这让人想到某民间红学发烧友对于《红楼梦》的另类解读，他认为大观园里的建筑其实暗示了“反清复明”的起义过程。大观园里的“圆亭”和“方厦”，其实说的是“援（圆）军挺（亭）进”“方可大开杀（厦）戒”。

再比如，有“专家”研究《鲁迅日记》中的“濯足”，百思不得其解，于是“大胆猜测”那是“性生活”的隐语。此言一出，无数吃瓜群众纷纷表态。讨厌鲁迅的，说他歧视女性，歧视朱安，一次次跟女人性交还称之为让女人为自己“濯足”。喜欢鲁迅的，则感慨鲁迅也是人，也有人的七情六欲。殊不知，《鲁迅日记》中关于“濯足”的记载比比皆是，无论是在独居期间，还是在病重期间。“濯足”就是“洗脚”，大可不必想象那会是其他的什么事。某些“专家”以己度人，仅凭主观想象来揣摩民国时期的社会生活。在民国时期，条件有限，卫生观念也不像现在这样，今天看来极为普通的洗脚乃至洗澡并没有成为当时人们必不可少的日常行为。因此，鲁迅在日记中郑重其事地记录自己洗脚再正常不过了。在 1929 年鲁迅赴北京探亲期间，许广平特意在信中向他汇报自己在晚饭后“洗了一个澡”，足以说明，像洗脚、洗澡这样的事，在民国期间并不是每天都会做的。

无『趣』未必真豪杰

——幽默鲁迅

在许多人看来，鲁迅文笔犀利，思想深沉，在现实生活中也该是不苟言笑的吧。其实，这是对鲁迅的误解，鲁迅属于那种“望之俨然，即之也温”的人，鲁迅是一个极富幽默感的人。

一

小时候鲁迅活泼可爱，被长辈亲切地称作“胡羊尾巴”。鲁迅的曾祖母戴氏一向严肃有加，总是在门口的一张太师椅上正襟危坐，家里人对她都敬而远之。鲁迅偏偏喜欢跟她开玩笑，故意在她面前装作一不留神跌倒在地，引得老太太大惊失色：“啊呀，阿宝，衣服弄脏了呀……”过了一会儿，鲁迅故意再次跌倒，再次逗引老太太“啊，啊”地惊呼。看着自己的恶作剧一再得手，鲁迅颇为得意。

古人有悬梁刺股，鲁迅在三味书屋上学时，他和同学们喜欢“悬梁传书”。就是把几根头发接起来，抛过屋梁，一头系上小纸条，“循环牵引，往来通信”。寿镜吾老先生是个近视眼，开始根本没注意，直到后来才发现。老先生追问是谁的主意，大家相互抵赖。据说，这正是鲁迅受当时绍兴街头电线杆的启发而发明的小游戏。

1908 年，鲁迅在东京，有半年时间到民报社去听章太炎讲解《说文解字》，休息时师生闲谈，气氛活跃。当时钱玄同说话最多，一边说一边在席上爬来爬去，鲁迅就戏称钱玄同为“爬来爬去”。后来在写给周作人的信里干脆称钱玄同为“爬翁”。

给人起绰号，正是鲁迅的拿手好戏。小时候，他戏称远房堂叔周伯文为“金鱼”；当铺的老板姓夏，他称之为“夏末代”；从日本回国后，他在浙江两级师范学堂任教，清政府委派的学校监督夏震武冥顽不化，鲁迅称他“夏木瓜”。有一回，在火车上，他遇到一高一矮两个宪兵。高的，鲁迅称之为“猴头鸟颈”，矮的，鲁迅说他“脸面像个三白西瓜”。许羡苏一头短发，像个男生，鲁迅称之为“令弟”。在《故乡》中，他称豆腐西施杨二嫂为“圆规”；在《阿 Q 正传》中，他称钱少爷为“假洋鬼子”。他小说中的人名往往颇具喜感：红鼻子老拱、红眼睛阿义、乌头先生、九斤老太、赵白眼（狼?）、赵司晨（鸡?）、高尔础……不一而足。他吃过一种浜瓜，样子一般，味道却很好，他从此就叫那些其貌不扬内心美好的人或物为“浜瓜”。1928 年夏天，鲁迅和许广平在杭州度蜜月。有一天，鲁迅神秘兮兮地对许钦文说：“钦文，你知道女人是什么?”看看旁边的许广平，许钦文一脸的莫名其妙。鲁迅得意地说：“女人是寒暑表！她们一晒太阳，有的，只是照着了阳光，就热呀，热呀地嚷个不了。一到泥塑的老虎脚边（杭州虎跑的最阴凉处），就冷啊冷啊地喊起。可不就是寒暑表吗?”弄得许钦文哭笑不得，许广平又羞又气。

在北京教育部工作时，有一天，包车夫不小心把鲁迅摔在地上，车夫的腿受了伤，鲁迅的门牙被撞掉了，满嘴是血。回到家时，家人都惊慌失措，鲁迅却笑着说：“世道真的变了，靠腿吃饭的，跌伤了腿，靠嘴吃饭的，撞坏了嘴。”他在当天的日记中是这样写的：“黎明往孔庙执事。归途坠车，落二齿。”后来在《从胡须说到牙齿》一文中，鲁迅回忆道：车夫“以‘迅雷不及掩耳之手段’，自己跌倒了，并将我从车上摔出。我手在袋里，来不及抵按，结果便自然只好和地母接吻，以门牙为牺牲了”。

有一回，鲁迅去教育部领取拖欠的工资。工资是分组领取的，他看到“丙组”房间的门上贴着一行小字“不满百元”，又看看自己的条子上，写的是九十九元，便大发感慨：“这真是‘人生不满百，常怀千岁忧’。”

1927 年，广州一些进步青年创办“南中国”文学社，怕刊物第一期销路不好，希望鲁迅给创刊号撰稿。鲁迅风趣地说：“要刊物销路好很容易，你们可以写文章骂我，骂我的刊物也是销路好的！”

有一次他的侄女周晔问他：“你的鼻子为何比我爸爸（周建人）矮一点，扁一点呢?”鲁迅笑道：“我原来的鼻子和你爸爸的鼻子一样高，可是我住的环境比较黑暗，到处碰壁，所以额头、鼻子都碰矮了！”

在上海时，有一次吴曙天（章衣萍的夫人）和几个朋友去见鲁迅，远远瞧见先生正往家走，于是隔着马路喊，鲁迅没听见。待众人撵到他家门口，对他说喊了你好几声呢。鲁迅连忙“噢、噢、噢……”答了好几声，问他为什么连声回应，鲁迅笑着说，你不是叫我好几声吗，我就还给你呀。接着进屋吃栗子，周建人提醒要捡小的吃，味道好，鲁迅应声道："是的，人也是小的好！"吴曙天这才明白鲁迅又在开玩笑，因为她丈夫章衣萍就是个小个子。其实鲁迅也是在夸自己呢，因为他也是个小个子。

据萧红回忆，鲁迅的笑声是明朗的，是那种发自肺腑的喜悦。如果有人说了什么笑话，鲁迅会笑得连烟卷都拿不住，常常是笑得咳嗽起来。有一次，萧红上午到鲁迅家去过，下午又到鲁迅家去，鲁迅见了她，说道："好久不见，好久不见。"一边说着还一边点头。弄得萧红以为先生犯了短暂健忘症，看到鲁迅笑起来，她才恍然大悟，自己被鲁迅给"忽悠"了。

1932 年鲁迅从上海回到北京看望母亲，北师大请他去讲演，他在讲演中说："有人说我这次到北平，是来抢饭碗的，是'卷土重来'；但是请放心，我马上要'卷土重去'了。"一席话顿时引得会场上充满了笑声。

1933 年 2 月，鲁迅在宋庆龄家会见英国作家萧伯纳，萧伯纳对他说："都说你是中国的高尔基，但我觉得你比高尔基漂亮。"鲁迅笑着说："我老了会更漂亮！"你瞧人家这份自信。

二

在鲁迅的作品中，幽默的语言更是比比皆是。

《阿 Q 正传》里，阿 Q 调戏小尼姑，被小尼姑骂道："这断子绝孙的阿 Q！"接下来，作者写道：

"哈哈哈！"阿 Q 十分得意地笑。

"哈哈哈！"酒店里的人也九分得意地笑。

这个"九分得意地笑"简直是神来之笔，把看客的嘴脸刻画得淋漓尽致。

在写于1921年的散文《无题》中，鲁迅详细记述了他与“蚊子”对话的过程。鲁迅晚上被蚊子闹得睡不着觉，很郁闷啊，就对蚊子说：“叮只管叮，但请不要叫。”然而蚊子不听他的，结果，“早上起来，但见三位得胜者拖着鲜红色的肚子站在帐子上；自己身上有些痒，且搔且数，一共有五个疙瘩；是我在生物界里战败的标征。我于是也便带了五个疙瘩，出门混饭去了”。

当然，集中展现鲁迅幽默才华的是他的《故事新编》。

在《理水》中，他让远古的学者们说着各国语言：“古貌林！”“古鲁几里……”“OK！”他这样写其中的一个历史学者：“于是他勇猛地站了起来，摸出削刀，刮去了五株大松树皮，用吃剩的面包末屑和水研成浆，调了炭粉，在树身上用很小的蝌蚪文写上抹杀阿禹（大禹）的考据，足足化掉了三九廿七天工夫。”

在《采薇》中，他这样描写周武王的大队人马：“走过去的都是一排一排的甲士，约有烙三百五十二张大饼的工夫，这才见别有许多兵丁，肩着九旒云罕旗，仿佛五色云一样。”

在《铸剑》中，他写到国王的郁闷：“那夜他很生气，说是连第九个妃子的头发，也没有昨天那样的黑得好看了。幸而她撒娇坐在他的御膝上，特别扭了七十多回，这才使龙眉之间的皱纹渐渐的舒展。”

在《出关》中，他这样调侃老子：“过不多久，就有四个代表进来见老子，大意是说他的话讲得太快了，加上国语不大纯粹，所以谁也不能笔记。没有记录，可惜非常，所以要请他补发些讲义。”

至于鲁迅杂文中的幽默语言更是比比皆是。例如，《由中国女人的脚，推定中国人之非中庸，又由此推定孔夫子有胃病》，看这个题目就知道他到底有多搞笑。

三

在写给朋友和家人的书信中，鲁迅的幽默感往往表现得更加强烈。

说起来，鲁迅跟钱玄同是老相识了，可是他在 1925 年 7 月 12 日写信给钱玄同，开头就是："玄同兄：久闻大名，如雷贯耳……"让人忍俊不禁。跟另一位老朋友江绍原写信，开头则是："绍原先生：两日不见，如隔六秋。"

有一回，鲁迅在写给还是学生的许广平的信中说："言念及此，不禁泪下四条。""泪下四条"是什么意思？原来鲁迅看到女学生哭哭啼啼，戏称之为"四条胡同"。何谓"四条"？两条眼泪，两条鼻涕也。

他在信中戏称许广平为"愚兄"。1925 年 7 月 16 日，鲁迅在致许广平的信中更是极尽搞笑之能事。因为许广平在来信中戏称鲁迅为"嫩棣棣"，鲁迅在回信中干脆"即以其人之道，还治其人之身"。正文采用"章节体"：

第一章"嫩棣棣"之特征。

1. 头发不会短至二寸以下，或梳得很光，或炮得蓬蓬松松。

2. 有雪花膏在于面上。

3. 穿莫名其妙之材料（只有她们和店铺和裁缝知道那些麻烦名目）之衣；或则有绣花衫一件藏在箱子里，但于端节偶一用之。

4. 嚷；哭……

……

第九章结论。

肃此布复，顺颂曩祉。

真可谓“严肃”得一塌糊涂。

由于许广平在女师大风潮中的表现，被校长杨荫榆称为“害群之马”，于是，鲁迅干脆把许广平叫作“害马”，甚至在给母亲写信的时候也说：“男及害马，全都安好，请勿念。”在《两地书》中，他也常称许广平为“小刺猬”。

在写给朋友章廷谦的信中，鲁迅更是极尽幽默风趣之能事。

章廷谦比鲁迅小整整 20 岁，是鲁迅的忘年交。他的发型很酷，因而有“一撮毛”的绰号。1923 年，他正与孙斐君谈恋爱，鲁迅赠送他一本自己的近著《中国小说史略》（上卷），并在扉页上写道：

请你
从“情人的怀抱里”，
暂时伸出一只手来，
接收这干燥无味的
中国小说史略。
我所敬爱的
一撮毛哥哥呀！

后来，鲁迅接到章廷谦夫人孙斐君预产期将至的消息，正准备贺喜，又得知产期延迟，鲁迅便在信中对这位有点儿迷糊的“一撮毛哥哥”说道：“知道斐君太太出版延期，为之怃然。”后来在信中更是有这类的问候：“斐君太太尊前即此请安不另，如已出版，则请在少爷前问候。”“斐君太太当已临盆，所得是女士抑男士欤，希见告。”后来，在得知孙斐君生了个男孩之后，他去信表示祝贺：“恭悉已有‘弄璋’之喜，敬贺敬贺。此非重男轻女，只因为自己是男人，略有党见，所以同性增加，甚所愿也。”有一回，在收到章廷谦寄来的孩子小燕的照片之后，鲁迅这样说：“蒙燕公不弃，赐以似爬似坐似蹲之玉照，不胜感谢。”

1927年，在广州时，他向章廷谦描述广州的酷暑：“我至今尚九蒸九晒于二楼之上也。”

朋友间的书信，往往是真性情的流露，从这里我们可以窥见鲁迅那“不可救药”的幽默感。

四

据说，鲁迅和周作人都是讲笑话的高手，他俩的区别在于，周作人讲笑话自己也笑，鲁迅讲笑话，别人笑，自己不笑。在文章中，在生活中，谁也无法统计鲁迅究竟讲过多少笑话。

他曾在《说面子》一文中写道：“一个绅士有钱有势，我假定他叫四大人罢，人们都以能够和他攀谈为荣。有一个专爱夸耀的小瘪三，一天高兴地告诉别人道：‘四大人和我讲过话了！’人问他‘说什么呢？’答道：‘我站在他门口，四大人出来了，对我说：滚开去！’”

在《新药》中，他说：“某朝某帝的时候，宫女们多数生了病，总是医不好。最后来了一个名医，开出神方道：壮汉若干名。皇帝没有法，只得照他办。若干天之后，自去察看时，宫女们果然个个神采焕发了，却另有许多瘦得不像人样的男人，拜伏在地上。皇帝吃了一惊，问这是什么呢？宫女们就嗫嚅地答道：是药渣。”

在《“人话”》中，鲁迅讲了一个“讥笑乡下女人的笑话”：“大热天的正午，一个农妇做事做得正苦，忽而叹道：‘皇后娘娘真不知道多么快活。这时还不是在床上睡午觉，醒过来的时候，就叫道：太监，拿个柿饼来。’”

在《读书杂谈》中，他讲了个印度笑话：“一个老翁和一个孩子用一匹驴子驮着货物去卖，货卖了，孩子骑驴回来，老翁跟着走。但路人责备他不晓事，叫老年人徒步。他们便换了一个地位，而旁人又说老人忍心；老人忙将孩子抱到鞍鞒上，看见的人却说他们残酷；于是都下来走，不久，又有人笑他们是呆子，空着现成的驴子却不骑。于是老人对孩子叹息道，我们只剩了一个办法了，是我们两人抬着驴子走。”他用这个笑话来说明读书要有自己的主见，不要人云亦云。

在《这个与那个》中，他讲了个县太爷过生日的笑话：“一个知县的寿辰，因为他是子年生，属鼠的，属员们便集资铸了一个金老鼠去作贺礼。知县收受之后，另寻了机会对大众说道：明年又恰巧是贱内的整寿；她比我小一岁，是属牛的。”

在《论他妈的》中，鲁迅在调侃了这一“国骂”之后，笔锋一转，写道：“但偶尔也有例外的用法：或表惊异，或表感服。我曾在家乡看见乡农父子一同午饭，儿子指着一碗菜向他父亲说：‘这不坏，妈的你尝尝看！’父亲回答道：‘我不要吃。妈的你吃去罢！’则简直已经醇化为现在时行的‘我的亲爱的’的意思了。”

1928 年，杭州出了个“冒牌鲁迅”。此君不但冒充鲁迅，大言不惭地说自己的《彷徨》卖了 8 万本。并且煞有介事地以鲁迅之名在苏曼殊墓旁题诗一首：“我来君寂居，唤醒谁氏魂？飘萍山林迹，待到它年随公去。”为了维护个人声誉，鲁迅在《语丝》上发表了一篇声明《在上海的鲁迅启事》，内有一段：“中国另有一个本姓周或不姓周，而要姓周，也名鲁迅，我是毫没法子的。但看他自叙，有大半和我一样，却有些使我为难。那首诗的不大高明，不必说了，而硬替人向曼殊说‘待到它年随公去’，也未免太专制。‘去’呢，自然总有一天要‘去’的，然而去‘随’曼殊，却连我自己也梦里都没有想到过。”

30年代，鲁迅在上海时，经常跟到访的青年作家讲笑话。一些青年作家的主观主义毛病很厉害。一次，有人请鲁迅谈谈这一问题，鲁迅只给他们讲了个笑话：“有个农民，每天都得挑水。一天，他忽然有所感悟道：‘皇帝用什么挑水吃的呢?’后又自言自语：‘一定用金扁担的！’”

1936年10月17日，鲁迅病逝前两天，他跟日本作家鹿地亘聊天，谈话内容除了“鬼”就是“自杀”。说起女人吞金自杀，鲁迅又讲了个笑话：“女人自杀，近来往往吞咽金子等东西。这种自杀，很费时间，所以有的人弄得不愿意死了。医生用使金和排泄物一同出来的方法来救治。女人等到痛苦停了之后，最先查问的就是：‘先生，我的戒指呢？……’”鹿地亘听了哈哈大笑。这也许是鲁迅讲过的最后一个笑话。

多次拜访过鲁迅的吴曙天说：“可惜我不能将鲁迅先生的笑话写出来。爱听笑话的人，最好亲自到鲁迅先生那里去听。”

五

在生活中，鲁迅运用肢体语言所传达的幽默，也常常令人捧腹。

鲁迅住在北京砖塔胡同时，经常和邻居家的两个10岁左右的小女孩一道玩耍，样子天真烂漫。学生许钦文甚至怀疑他的胡子是假的，是为了扮演老人而故意装上去的。据许广平回忆，在北京时，鲁迅高兴起来，可以像跳马一样从桌子上跳过去。

有一回，他向郁达夫说到一个笑话：一个人借了别人的鞋袜去参加宴会，后来人家把鞋袜要了回去，他就只剩下大褂了。这位老兄就装作肚子疼，以两手按着腹部，叫着“我肚皮痛杀哉！”趁势蹲在地上，以掩盖没穿鞋袜的尴尬。鲁迅边说边演，搞得大家笑疼了肚子。

有一次，章廷谦和柔石到鲁迅那里聊天，在座的还有鲁迅的老乡兼好友邵明之。闲谈中，鲁迅言及现在有些要人把表袋挂在腰间，说道：“表袋实在太笨，要看表时既要弯下腰去，又要用手擎起表袋，倒过来看。”还边说边做示范：低下头去，弯着腰，手擎表袋，倒转过来，做出艰难地看表的姿态。这时只听得邵明之说：“咳！呆虫！”当时章廷谦和柔石听了这一声，都吓了一跳，心说这人怎么敢这样跟鲁迅说话呢？邵明之接着说：“哪里会像你这样笨！只要你坐在那里，拖长喉音喊一声：‘来——’就有人进来，毕恭毕敬地站在你面前，然后你把肚子稍微一挺，将手向表袋上一指（他也做了一个动作），他自然就会说：‘着！大人！八点三刻。’”鲁迅听完，哈哈大笑。

1934 年，国民党北平市长袁良曾下令禁止男女同学同泳。鲁迅调侃道：“同学同泳，偶尔皮肉相触，有碍男女大防。不过禁止以后，男女还是同吸着天地间的空气。空气从这个男人的鼻孔呼出来，被那个女人的鼻孔吸进去，又从那个女人的鼻孔呼出来，被另一个男人的鼻孔吸进去，简直淆乱乾坤。还不如下一道命令，规定男女老幼诸色人等，一律戴上防毒面具，既禁空气流通，又防抛头露面！”一边说，一边还模拟戴着防毒面具走路的样子，听的人笑得前仰后合。

有一回，鲁迅去见唐弢，唐弢那时可是个年轻人，鲁迅呢，也像个小孩子一样，一进门就轻快地在地板上打旋子，一路转到桌子前，一屁股坐在桌面上。那架势，既像个喜剧明星，又像个舞蹈演员。

幽默，源于丰盈的智慧，源于内在的自信，源于宽广的心胸。从鲁迅身上，我们可以看到这一点。

且持卮酒食河豚

——『吃货』鲁迅

读过《孔乙己》的人，都不会忘记孔乙己吃茴香豆时“多乎哉，不多也”的窘状；读过《社戏》的人，谁又能忘记孩子们在船上煮的香喷喷的罗汉豆呢？在鲁迅的小说中，写吃的地方比比皆是。阿 Q 以见识过城里的“油煎大头鱼”而自豪。在《祝福》里，“我”念念不忘的是福兴楼一元一大盘的“清炖鱼翅”。在《示众》里，听到“远处隐隐有两个铜盏相击的声音，使人忆起酸梅汤”。在《狂人日记》里，“陈老五送进饭来，一碗菜，一碗蒸鱼；这鱼的眼睛，白而且硬，张着嘴，同那一伙想吃人的人一样”。在《风波》里，“女人端出乌黑的蒸干菜和松花黄的米饭，热蓬蓬冒烟”。而《孔乙己》《在酒楼上》《明天》《药》等小说，则要么以酒店为背景，要么以茶馆为背景。

民以食为天，鲁迅的笔下一次次提到吃，想必吃饭最能够体现人的生存状态吧。在《伤逝》里，他以桌上饭菜的变化来揭示涓生、子君日益窘困的生活。在《风波》中，人们在饭桌上议论“皇帝坐了龙庭”。在《肥皂》里，四铭因为晚餐时儿子夹走了盘中的一块菜心而怒火中烧。《幸福的家庭》则以调侃的笔触写到“幸福的家庭”要吃“蛙和鳝鱼”做的“龙虎斗”。在《孤独者》中，“我”去拜访魏连殳，还要顺便在街上买“一瓶烧酒，两包花生米，两个熏鱼头”。在回忆性散文集《朝花夕拾》中，则有关于故乡美食的深情回忆：“我有一时，曾经屡次忆起儿时在故乡所吃的蔬果：菱角、罗汉豆、茭白、香瓜。凡这些，都是极其鲜美可口的。都曾是使我思乡的蛊惑。”

即使是在历史题材的小说集《故事新编》中，鲁迅也不忘借助“吃”来表现人物。《采薇》中，时间是以“烙大饼”来计算的——“大约过了烙好一百零三四张大饼的工夫，现状并无变化，看客也渐渐的走散。”伯夷、叔齐吃着难以下咽的野菜，嘴里念叨着：“苦……粗……”后来，这对难兄难弟则发明了烤薇菜、薇汤、薇羹、薇酱、清炖薇、原汤焖薇芽、生晒嫩薇叶等不同花样的吃法。《非攻》里“好客”的公输般劝墨子吃“辣椒酱和大饼”。《理水》中“学者”们吃着“面包”，“下民”只能吃“榆叶和海苔”。《奔月》中，后羿因为整年地只给嫦娥吃“乌鸦的炸酱面”而感到惭愧，“两颊连耳根都热起来”。在《出关》里，老子已经老得啃不动“腊鹅”了，关尹喜则以“一包盐，一包胡麻，十五个饽饽”，送给他做干粮。

不仅如此，鲁迅的好多比喻也忘不了跟“吃”挂钩。在《白光》里，写陈士成知道县考成绩之后，“他平日安排停当的前程，这时候又像受潮的糖塔一般，霎时倒塌，只剩下一堆碎片了”。形象地表现了落第书生无比沮丧的心情。对于糖塔这种过去祭祀用的供品，很多现代人恐怕已经不知道为何物了。《铸剑》中眉间尺手中那把神奇的宝剑，“剑口反而有些浑圆，正如一片韭叶”。《祝福》中写柳妈的脸“蹙缩得像一个核桃”。《高老夫子》中“毛家的大儿子进来了，胖到像一个汤圆”。《离婚》里，木公公的脸是“紫糖色”的。至于在杂文《拿来主义》中用“吃鱼翅”来比喻对待外来文化的态度，则更为经典。

相对于不修边幅的着装风格，在日常生活中，鲁迅在“吃”的问题上还是挺讲究的。看他作品中如此频繁地提到各种美食，就知道鲁迅是个懂吃的人。他有一次跟曹聚仁说：“我们都是马二先生（《儒林外史》中的人物），吴敬梓写马二先生那么馋，吴敬梓自己一定很馋的。”其实鲁迅本人就是个“吃货”。而且，他似乎也不讳言这一点。在《两地书》中，鲁迅经常跟许广平汇报伙食情况。1929 年 5 月，他回北京探望母亲，在写给许广平的信中，他说：“云南（火）腿已经将近吃完，是很好的，肉多，油也足，可惜这里的做法千篇一律，总是蒸。听说明天要吃蒋（酱）腿了，但大约也还是蒸。每天饭菜，大同小异，实在吃得厌烦了。”在《马上日记》中，鲁迅让 C 君请他吃午饭，“于是请我吃面包，还有葡萄酒；主人自己却吃面。那结果是一盘面包被我吃得精光，虽然另有奶油，可是四碟菜也所余无几了。”在《音乐?》中：“夜里睡不着，又计划着明天吃辣子鸡，又怕和前回吃过的那一碟做得不一样，愈加睡不着了。”为一盘辣子鸡而失眠，算不算资深“吃货”?

鲁迅一个人在北京时，经常跟朋友们下馆子。最常去的是绍兴会馆附近的广和居饭店，在一年半的时间里竟然去过 40 多回。另外，他也常去北京西单大街的益昌西餐馆。在全家搬到北京之前，鲁迅长时间过着单身汉的生活，朋友们隔三岔五给他送吃的。这个送一块火腿，那个送几条咸鱼；你送一盒饼干，我送一盘下酒菜；今天送一包草莓，明天送几根酱莴苣……给他赠饭最多的自然是老朋友许寿裳，许寿裳给他送过辣椒酱、番茄酱、蒸鸭、炖鸡、炖斑鸠、火腿、笋干等等，数不胜数。鲁迅胃不好，有时候收到不利于消化的美味，他就再还给人家，有时候则与朋友分享。后来许寿裳应鲁迅之邀赴广州，鲁迅决定连请他吃十天，显然是为了报答他在北京时鲁迅的馈赠。

据鲁迅家的男佣王鹤照回忆，在北京时，鲁迅“吃饭吃菜不讲究，饭烂饭燥，菜咸菜淡，好好歹歹都不讲，有啥吃啥”。在北平教育部任职时，鲁迅往往早上喝一杯茶就去上班了，他早餐午餐都是在外面解决，只有晚餐回家吃。范文澜在北京上学时经常拜访鲁迅，他这样描述鲁迅的晚餐：“一小桶饭，一碗自己炖的肉，一碗汤，好像从不改换菜蔬似的。”

1926 年，鲁迅离开北京去厦门之后，就吃不到这么好的饭菜了。没有朋友送好吃的，也没办法经常下馆子。他在写给朋友的信中抱怨说：“饭菜可真有点难吃，厦门人似乎不大能做菜也。饭中有沙，其色白，视之莫辨，必吃而后知之。我们近来以十元包饭，加工钱一元，于是而饭中之沙免矣，然而菜则依然难吃也，吃它半年，庶几能惯欤。又开水亦可疑，必须自有火酒灯之类，沸之，然后可以安心者也。否则，不安心者也。”他劝章廷谦来厦门，是这样说的：“斐君太太（章夫人）虽学生出身，然而煎荷包蛋，炖牛肉，做鸡蛋糕，当必在六十分以上，然则买牛肉而炖之，买鸡蛋而糕之，又何惧食不甘味也哉。”

1927 年在广州，有一次日本人山上正义拜访鲁迅，鲁迅说很久没有吃到日本饽饽了，山上正义二话没说，带着鲁迅到英法租界区，从一家日本人的店里买来饽饽送给鲁迅。鲁迅在珠江边的一棵老榕树下一边吃着日本饽饽，一边纵论文学与时事，相当过瘾。在广州时，还有人请鲁迅吃当地宴会上最体面的名菜“龙虎斗”，鲁迅拒绝了。在他看来，把毒蛇抓来放到笼子里只为满足口腹之欲，“真是可怕”。不过后来在上海，他倒是在饭店里点过“三蛇羹”，想必是为了照顾许广平的粤菜口味吧。

鲁迅自奉甚俭，对朋友可不是这样。每当朋友来访，他总是尽量让其吃到美味佳肴。鲁迅在上海时，常在杭州人开的知味观宴请亲友，总喜欢点“叫花鸡”“西湖莼菜汤”等杭州名菜，还特别向客人介绍“叫花鸡”的来历和做法。据萧红回忆，鲁迅为了满足她和萧军好好吃一顿馆子的要求，特地在上海“梁园致美楼”请他们吃了一顿丰盛的酒席，席上有“炸核桃腰”“糖醋软熘鲤鱼焙面”“三鲜铁锅蛋”“酸辣肚丝”“木樨肉”等菜肴。有时候，他会请三弟周建人一家吃大闸蟹，或者专门让许广平去选购一些阳澄湖大闸蟹，分别送给在上海的日本朋友，比如镰田诚一和内山完造。

鲁迅爱吃辣椒。吃辣本不是浙江人的强项，鲁迅为何对辣椒情有独钟？如他在《朝花夕拾·琐记》中：“一有闲空，就照例地吃侉饼、花生米、辣椒，看《天演论》。”原来他在南京读书时，因为只穿夹裤过冬，又每每读书至深夜，不得已吃辣椒，既御寒气，又解困乏。每读书至夜深人静、天寒人困之时，就嚼上一个辣椒，直嚼得额头冒汗，眼里流泪，只觉周身发暖，睡意顿消，于是捧书再读。就这样，渐渐成为嗜好。看他的小说《在酒楼上》，“我”点的菜就是“十个油豆腐，辣酱要多”。后来“我”还评论道：“可惜辣酱太淡薄，本来S城人是不懂得吃辣的。”这里的“我”，很显然有他自己的影子。在北京时，有学生亲眼看见鲁迅蘸着胡椒吃馄饨，还边吃边笑着说：“没有辣酱就吃胡椒。”众所周知，梅干菜扣肉是浙江名菜，这也是鲁迅下馆子请客必点的菜。不过，在家里请客的时候，他还会对这个菜做些创新，就是放几个辣椒。

吃辣椒损害了鲁迅的胃。油炸点心趁热吃对有胃病的人是很适宜的，所以鲁迅对油炸食物有嗜好。将白薯切成片，和以鸡蛋、面粉，油炸，香甜可口。鲁迅几乎天天都吃，还常常用以待客。这制法不见于任何菜谱，朋友戏称之为“鲁迅饼”。

鲁迅有爱吃零食的习惯，他喜欢吃零食的程度超乎人们的想象。1903 年留日期间，鲁迅就爱吃鸡蛋糕、花生、羊羹什么的，他经常将这些零食放到抽屉里，随时取来充饥。所谓羊羹，很像中国的豆沙糖。回国后他常常想起这个点心，就托人从日本带过来吃。1913 年 5 月 2 日鲁迅日记中记载：“午后得羽太家寄来羊羹一匣，与同人分食大半。”在杭州教学时，每天晚上睡觉前，校役总是为他准备好强盗牌香烟和条头糕。到周六的晚上，准备得尤其充足，因为鲁迅又要熬夜了。在《鲁迅日记》中，每个月都有买零食的记录。晋和祥、临记、稻香村这些老北京点心铺是他经常光顾的地方。在北京时，钱玄同常去找鲁迅聊天，大抵是午后就来，谈天一直到深夜回去。晚饭后，鲁迅照例给钱玄同倒上热茶，还装一盘点心放在旁边。钱说：“饭还刚落肚呢。”鲁迅说：“一起消化，一起消化。”学生来访，他也会从抽屉里拿出一盒饼干或者松子糖、核桃仁什么的，边吃边聊，直到吃完为止。当然，招待来客吃点心也有让鲁迅吃不消的时候。他说过：“我时常有点心，有客来便请他吃点心；最初是‘密斯’（女士）和‘密斯得’（先生）一视同仁，但密斯得有时委实利害，往往吃得很彻底，一个不留，我自己倒反有‘向隅’之感。如果想吃，又须出去买来。

于是很有戒心了，只得改变方针，有万不得已时，则以落花生代之。”

1926年年底，鲁迅来到广州，在这里四季水果不缺，可真是个让人解馋的地方。有时候中山大学送来薪水，鲁迅吃起零食来就有些大手大脚：“吃三块钱一合之饼干，还吃糯米糍（荔枝），龙牙蕉。”在写给江绍原的信中，鲁迅极力推荐广州的阳桃：“荔枝已过，杨（阳）桃上市，此物初吃似不佳，惯则甚好……秋时尚有，如来此，不可不食，特先为介绍。”

夏天，资深吃货是无法抗拒冷饮的诱惑的。鲁迅在广州时，去安乐园吃过雪糕，在美利权吃过冰淇淋。定居上海后，他则不止一次地去北冰洋冰店吃刨冰。

沈兼士曾说过：“（鲁迅）先生的嗜好有三种：就是吸烟，喝酒和吃糖。”

鲁迅爱喝酒，不过酒量并不大，一喝就脸红，甚至常常喝醉。他最有名的一次“醉酒”，是在1925年端午节。他请俞芬、许广平等几个姑娘到家里吃饭，结果姑娘们联合起来把“大先生”灌醉。鲁迅酒后“失态”，对姑娘们“大打出手”，这让鲁老太太很不高兴。事后，鲁迅写信给许广平为自己“辩解”：“这日二时以后，我又喝烧酒六杯，蒲桃酒五碗，游白塔寺四趟，可惜你们都已逃散，没有看见了。若夫‘居然睡倒，重又坐起’，则足见不屈之精神，尤足为万世师表。总之：我的言行，毫无错处……又总之：端午这一天，我并没有醉，也未尝‘想’打人；至于‘哭泣’，乃是小姐们的专门学问，更与我不相干。特此训谕知之！”看这封老师写给学生的“自辩陈词”，他俨然还没有醒酒呢。

1927年10月，他跟许广平移居上海，也许是刚开始应酬比较多，可以说是一月一醉。10月23日，他跟许广平、三弟周建人以及许希林、孙君烈、孙春苔等几个朋友在住所附近散步。他们一时兴起，决定上新亚楼喝茶，想不到孙春苔又节外生枝买来酒同饮，结果鲁迅“大醉”。11 月 9 日，“夜食蟹饮酒，大醉”。12 月 31 日，阳历年的最后一天，北新书局老板李小峰夫妇在中有天大酒店请客，同席的林语堂及其夫人、郁达夫、王映霞、周建人及许广平等，也许是喝得高兴，结果“饮后大醉”，回家后呕吐不止。

鲁迅有时也喝点儿绍兴老酒，但喝不多少，脸就红了。郁达夫有一段回忆：“他的（酒）量虽则并不大，但却老爱喝一点。在北平的时候，我曾和他在东安市场的一家小羊肉铺里喝过白干；到了上海之后，所喝的，大抵是黄酒了。但五加皮，白玫瑰，他也喝，啤酒，白兰地他也喝，不过总喝得不多。”也许是对当初端午节“酒后失态”印象太深，也许是初到上海时的“一月一醉”太让人揪心，许广平常常偷偷地把五加皮酒瓶塞打开，替鲁迅散散酒气。

鲁迅喜欢吃糖也是很有名的，他在杭州两级师范学校教书期间，喜欢吃一种叫“马尔顿”的水果糖，一个星期就能吃一瓶。在写于 1924 年的打油诗《我的失恋》中，他有这样的句子：“爱人赠我双燕图；回她什么：冰糖葫芦。”有一次，朋友送来一种用柿霜做成的“方糖”，鲁迅忍不住先吃了一大半，等到许广平提醒说，这东西可以治疗嘴角长疮，鲁迅赶紧收起来。不料到夜间鲁迅馋劲上来了，“又将藏着的柿霜糖吃了一大半，因为我忽而又以为嘴角上生疮的时候究竟不很多，还不如现在趁新鲜吃一点。不料一吃，就又吃了一大半了”。吃零食、吃糖对鲁迅的牙齿伤害很大，在文章中，他曾不止一次说到自己的牙疼：“我幼时曾经牙痛。”（《忽然想到》）“我从小就是牙痛党之一。”“我的牙齿又发生问题了。”（《从胡须说到牙齿》）不到50岁，他就换上了满口假牙。看来，吃零食也罢，吃糖也罢，实在算不上什么好习惯。

鲁迅喜欢喝茶，因为长期熬夜，每天晚上他总要喝几杯浓茶提神。他尤其爱喝龙井茶，因此经常让住在杭州的章廷谦替他买茶叶。朋友或学生去看他，也总不忘给他带些新茶。1928年鲁迅和许广平在杭州“度蜜月”，他在虎跑喝龙井茶，一杯又一杯，喝个没完。他虽然喝茶不少，但又不是很讲究。有一次趁着某茶叶公司“搞活动”，他买来二两好茶。回家兴冲冲泡上一壶，又担心冷得快，甚至用棉袄包起来。想不到，满怀期待地喝的时候，味道竟然跟他平常喝的粗茶差不多，“颜色也很重浊”。他马上明白问题出在哪里，“喝好茶，是要用盖碗的，于是用盖碗。果然，泡了之后，色清而味甘，微香而小苦，确是好茶叶”。如此看来，品茶真的是一件很麻烦的事。所以鲁迅略带调侃地说：“有好茶喝，会喝好茶，是一种‘清福’。”

我们常说“烟酒糖茶”，看来，这四样东西在鲁迅的生活中可以说是缺一不可。

1928 年，创造社在上海开了家咖啡店，对外宣传“在那里面，可以遇见鲁迅、郁达夫”。这广告让鲁迅哭笑不得，急忙在自己的杂志《语丝》上发表声明，进行订正，声称自己从不去咖啡店。鲁迅还有一句名言：“哪里有天才，我是把别人喝咖啡的工夫都用在工作上了。”其实，鲁迅不是不喝咖啡，无论在北京，还是在上海，他都曾多次去过咖啡店。在北京期间，仅 1914 年，他就曾 12 次去益昌西餐店吃西餐，喝咖啡。有时候，还自己买咖啡薄荷糖来吃。在上海期间，他也经常在咖啡馆里与人见面，例如郁达夫、成仿吾、冯至夫妇等，都曾经在咖啡馆与鲁迅会面。

1928 年夏天，鲁迅和许广平有杭州之行。他们在楼外楼吃虾子鞭笋，在三义楼吃西湖醋鱼，大饱口福。后来，章廷谦夫妇请鲁迅到功德林素菜馆吃晚饭。鲁迅原本不赞成上素菜馆，并不是反对食素，而是厌恶其虚伪性：明明是素菜，却要做出扣鸡、酱鸭、烧鹅和煎鱼等的样子，叫作素鸡、素鸭、素鹅、素鱼。章廷谦预先关照功德林，尽量避免这种俗套的形式和名称。功德林果然名不虚传，厨师用鞭笋、香菇炖豆腐，浇上小磨麻油，鲜美可口。功德林还有一种拿手好素菜——清炖笋干嫩头，也浇上小磨麻油，味更鲜美。鲁迅一尝，这是他从未吃过的家乡风味，大呼过瘾。

在鲁迅看来，风景远没有美味可爱。章廷谦请他冬天再来杭州赏梅，你瞧他怎么说：“冬假中我大约未必动，研究之结果，自觉和灵峰之梅，并无感情，倒是和糟鸡酱鸭，颇表好感。”

叶底闲看蛱蝶眠

——鲁迅的动物世界

在鲁迅的笔下，各种动物比比皆是，据统计，《鲁迅全集》中提到的动物有200种左右。仅仅直接以动物命名的作品就有《鸭的喜剧》《兔和猫》《狗·猫·鼠》《夏三虫》《知了世界》《风马牛》《谈蝙蝠》《野兽训练法》等，至于提到动物的作品更是举不胜举。

徜徉于鲁迅的动物世界，应该是一件很有趣的事。

猫头鹰

鲁迅有个绰号叫“猫头鹰”。据沈尹默回忆，鲁迅“在大庭广众中，有时会凝然冷坐，不言不笑，衣冠又一向不甚修饰，毛发蓬蓬然，有人替他起了个绰号，叫作猫头鹰。”

俗话说：夜猫子进宅，无事不来。在一般人的印象中，猫头鹰绝对不是一种吉祥的鸟儿，也更不会有人喜欢它，然而鲁迅对猫头鹰却似乎情有独钟。1909年，鲁迅在杭州教书时，他在一个笔记本的封面上就亲手画了一只猫头鹰。在《希望》中，他把“猫头鹰的不祥之言”视为“身外的青春”。1927年，杂文集《坟》出版，在他自己设计的封面上，还是一只猫头鹰。他在“拟古的新打油诗”《我的失恋》中，更是要把猫头鹰作为礼物送给情人：“爱人赠我百蝶巾；回她什么：猫头鹰。”可见他对猫头鹰何等钟爱。由此你也可以看出鲁迅思想的叛逆性。他曾经说过：“我有时决不想在言论界求得胜利，因为我的言论有时是枭鸣，报告着不大吉利的事，我的言中，是大家会有不幸的。”在《音乐?》中则更是大声疾呼：“只要一叫而人们大抵震悚的怪鸱的真的恶声在哪里!?”他还告诫人们不要只“欢迎喜鹊，憎恶枭鸟”，不要“只捡一点吉祥之兆来陶醉自己”。

有意思的是，胡适这位新文化运动的重量级人物，也曾经在一首名为《老鸦》的白话诗中自比为“不吉利”的老乌鸦，这跟鲁迅钟情猫头鹰似乎有异曲同工之妙。一个是乌鸦，一个是猫头鹰，不知是不是巧合。或许，鲁迅正是中国社会的一只猫头鹰吧。

乌　鸦

除了猫头鹰，鲁迅还多次写到乌鸦。

读过小说《药》的朋友一定还记得小说结尾处的那只乌鸦。它“在笔直的树枝间，缩着头，铁铸一般站着”。夏四奶奶希望自己的儿子夏瑜显灵，让乌鸦飞到他的坟头上。没能如愿，到最后，“忽听得背后‘哑——’的一声大叫……只见那乌鸦张开两翅，一挫身，直向着远处的天空，箭也似的飞去了”。

在小说《兔和猫》中，桑葚落了一地，乌鸦喜鹊想要下来时，小兔子“便弓着身子用后脚在地上使劲地一弹，砉的一声直跳上来，像飞起了一团雪，鸦鹊吓得赶紧走，这样的几回，再也不敢近来了”。

在《奔月》中，英武的后羿每天只能射到“乌鸦”，这根本满足不了妻子嫦娥的口舌之欲，但见嫦娥嘴里咕噜着，“又是乌鸦的炸酱面，又是乌鸦的炸酱面！你去问问去，谁家是一年到头只吃乌鸦肉的炸酱面的？我真不知道是走了什么运，竟嫁到这里来，整年的就吃乌鸦的炸酱面”。

在民间传统中，有“喜鹊报喜，乌鸦报丧”的说法。虽系迷信，但毕竟影响了中国人的心理。在《兄弟》中，主人公张沛君因为担心弟弟的病情，突然听到一声乌鸦叫。“这是他平日常常听到的；那古槐上就有三四个乌鸦窠。但他现在却吓得几乎站住了，心惊肉跳……”

蝙蝠

不仅如此，对于蝙蝠、壁虎乃至蛇，这些不为一般人所喜的动物，鲁迅也是津津乐道。

鲁迅在《谈蝙蝠》中说：“人们对于夜里出来的动物，总不免有些讨厌它，大约因为他偏不睡觉，和自己的习惯不同，而且在昏夜的沉睡或微行中，怕他会窥见什么秘密吧。”傅斯年说《狂人日记》写得好，鲁迅是这样说的：“《狂人日记》很幼稚，而且太逼促，照艺术上说，是不应该的。来信说好，大约是夜间飞禽都归巢睡觉，所以单见蝙蝠能干了。”

壁虎

一般人认为壁虎乃五毒之一。但鲁迅却说：“壁虎确无毒，有毒是人们冤枉它的。”他不仅为壁虎辩护，而且在北京绍兴会馆住的时候，他还养过壁虎呢。把一个壁虎养在盒子里，天天拿东西去喂。据沈尹默回忆：“有一次，我发现窗纸上，有一个胖而且大的壁虎，很驯熟的样子，见人来了也不逃走，后来才知道这是他喂养着的，每天都要给它稀饭吃。”

蛇

鲁迅曾经多次提到蛇。他要把蛇作为礼物送给情人：“爱人赠我玫瑰花；回她什么：赤练蛇。”

在鲁迅笔下有各种各样的“能够咬死人的毒蛇”。

百草园里“有一条很大的赤练蛇”，他特意提醒人们当心“美女蛇”。

小时候，他被《山海经》中的长了九个脑袋的蛇给弄得神魂颠倒；看社戏时，他“最愿意看的是一个人蒙了白布，两手在头上捧着一支棒似的蛇头的蛇精”。

他说：“无论爱什么，——饭，异性，国，民族，人类等等——只有纠缠如毒蛇，执着如怨鬼，二六时中，没有已时者有望。”

在给傅斯年的信中，他说：“总而言之，从三皇五帝时代的眼光看来，讲科学和发议论都是蛇，无非前者是青梢蛇，后者是蝮蛇罢了；一朝有了棍子，就都要打死的。既然如此，自然还是毒重的好。”

他用毒蛇来比喻寂寞：“这寂寞又一天一天地长大起来，如大毒蛇，缠住了我的灵魂了。”

住在他家里的盲诗人爱罗先珂深情地回忆起缅甸，印象最深的也是夏夜听到的“嘶嘶”“蛇鸣”。

他对自我欺骗者不以为然：“你们的嘴里既然并无毒牙，何以偏要在额上帖起‘蝮蛇’两个大字，引乞丐来打杀？……”

在鲁迅看来：“人类究竟是可怕的东西。就是能够咬死人的毒蛇，商人们也会将它浸在酒里，什么‘三蛇酒’，‘五蛇酒’，去卖钱。”

鲁迅对于《白蛇传》里的白娘子有着很深的感情，而对好管闲事的法海则嗤之以鼻。

在神话小说《奔月》中，他笔下的后羿曾经射杀过长蛇，拿来做羹喝汤。

他认为，老鼠的大敌其实并不是猫，而是蛇。他小时候就曾经收养过一只蛇口余生的小老鼠。

鼠

小时候，他的床前就贴着一张“老鼠成亲”的花纸，“自新郎、新妇以至傧相、宾客、执事，没有一个不是尖腮细腿，像煞读书人的，但穿的都是红衫绿裤”。到了正月十四的晚上，少年鲁迅不肯睡觉，苦苦等候“老鼠娶亲”的仪仗从床底出来，“然而仍然只看见几个光着身子的隐鼠在地面游行，不像正在办着喜事”。这令他大失所望。

在他的《铸剑》中有一段对于溺水老鼠的描写，极度细致，极为真实：“换了六回松明之后，那老鼠已经不能动弹，不过沉浮在水中间，有时还向水面微微一跳。眉间尺又觉得很可怜，随即折断芦柴，好容易将它夹了出来，放在地面上。老鼠先是丝毫不动，后来才有一点呼吸；又许多时，四只脚运动了，一翻身，似乎要站起来逃走。这使眉间尺大吃一惊，不觉提起左脚，一脚踏下去。只听得吱的一声，他蹲下去仔细看时，只见口角上微有鲜血，大概是死掉了。”如果不是亲身经历，很难想象可以描写得如此真切，让人过目难忘。

鲁迅定居上海时，家里也曾闹过鼠患，晚上老鼠吱吱叫个不停，扰得人无法入眠。无奈之下，许广平买来耗子药。立竿见影，老鼠吃了便昏死在墙角，许广平把它们丢进马桶冲掉，有一种小小的成就感。

鲁迅曾听父亲说起过有一种“墨猴”，只有拇指一般大，住在笔筒里，等到主人写完字，就能跑出来把砚台里剩余的墨汁舔完。少年时期，他收养的一只蛇口余生的小老鼠，正好扮演了“墨猴”的角色，“虽然它舔吃墨汁，并不一定肯等到我写完字”。后来他的小老鼠不见了，他怅然若失。保姆长妈妈说是让猫给吃掉了，从此之后，鲁迅便开始与猫为敌。

猫

由于自己的宠物鼠被猫吃掉，他要报仇雪恨：“我的报仇，就从家里饲养着的一匹花猫起手，逐渐推广，至于凡所遇见的诸猫。最先不过是追赶、袭击；后来却愈加巧妙了，能飞石击中它们的头，或诱入空屋里面，打得它垂头丧气。这作战继续得颇长久，此后似乎猫都不来近我了。”鲁迅说过：“我在全家的口碑上，却的确算一个猫敌。我曾经害过猫，平时也常打猫，尤其是在他们配合的时候。但我之所以打的原因并非因为他们配合，是因为他们嚷，嚷到使我睡不着，我以为配合是不必这样大嚷而特嚷的。”在上海时，晚上写作，他最讨厌窗外雄猫雌猫谈恋爱时此起彼伏的长号声，有时候忍无可忍，就拿起手边的铁皮烟罐扔过去。更有甚者，他曾打算用“藏在书箱里的一瓶氰酸钾”置猫于死地。

鲁迅讨厌猫，理由有二：“一、它的性情就和别的猛兽不同，凡捕食雀、鼠，总不肯一口咬死，定要尽情玩弄，放走，又捉住，捉住，又放走，直待自己玩厌了，这才吃下去，颇与人们的幸灾乐祸，慢慢地折磨弱者的坏脾气相同。二、它不是和狮虎同族的么？可是有这么一副媚态！但这也许是限于天分之故罢，假使它的身材比现在大十倍，那就真不知道它所取的是怎么一种态度。”

邻家生了小猫，也让他心烦：“我的院子里，现在就有四匹邻猫常常吵架了，倘使这些太太们之一又诞育四匹，则三四月后，我就得常听到八匹猫们常常吵闹，比现在加倍地心烦。”

总之，鲁迅对猫的仇恨，简直到了不共戴天的地步。

狗

对猫如此，对狗的感情也好不到哪儿去。

他讨厌癞皮狗：“养一群癞皮狗，只会乱钻、乱叫，可多么讨厌！”

他讨厌巴儿狗：在他看来，巴儿狗“虽然是狗，又很像猫，折中，公允，调和，平正之状可掬，悠悠然摆出别个无不偏激，唯独自己得了‘中庸之道’似的脸来。因此也就为阔人，太监，太太，小姐们所钟爱，种子绵绵不绝。”在《伤逝》中，他写道：“还有一只花白的巴儿狗，从庙会买来，记得似乎原有名字，子君却给它另起了一个，叫作阿随。我就叫它阿随，但我不喜欢这名字。”

当然，他对狗的评价还是能够一分为二的：“便是狗罢，也不能一例而论的，有的食肉，有的拉橇，有的为军队探敌，有的帮警署捉人，有的在张园赛跑，有的跟花子要饭。将给阔人开心的巴儿和在雪地里救人的猛犬一比较，何如？……狗也有大小，有好坏的。”

牛

鲁迅曾不止一次自比为牛。他说过：“我是一头牛，吃的是草，挤的是奶和血。”对此，在《<阿Q正传>的成因》一文中有更具体的描述：“譬如一匹疲牛罢，明知不堪大用的了，但废物何妨利用呢，所以张家要我耕一弓地，可以的；李家要我挨一转磨，也可以的；赵家要我在他店前站一刻，在我背上贴出广告道：敝店备有肥牛，出售上等消毒滋养牛乳。我虽然深知道自己是怎么瘦，又是公的，并没有乳，然而想到他们为张罗生意起见，情有可原，只要出售的不是毒药，也就不说什么了。但倘若用得我太苦，是不行的，我还要自己觅草吃，要喘气的工夫；要专指我为某某家的牛，将我关在他的牛牢内，也不行的，我有时也许还要给别家挨几转磨。如果连肉都要出卖，那自然更不行，理由自明，无须细说。”看过这段话，我们对他所说的“俯首甘为孺子牛”会有更深的理解。

不过，在现实世界中，牛却是欺负鲁迅的。他曾在外婆家与小伙伴一起放牛，“但或者因为高等动物了的缘故罢，黄牛水牛都欺生，敢于欺侮我，因此我也总不敢走近身，只好远远地跟着，站着。这时候，小朋友们便不再原谅我会读‘秩秩斯干’，却全都嘲笑起来了”。

马·驴·骡

鲁迅在南京求学期间，练习骑马，他曾经从马背上摔下来，摔得头破血流。但他并不畏惧，照骑不误。

在绍兴期间，他曾经骑着一种名叫“骊狗”的驴子到兰亭游玩。据说驴子欺生，不会骑的坐上，它就故意靠路边走，吓吓你。鲁迅骑过马，骑驴子当然不在话下，骑得稳当，驴子也听话。鲁迅骑的骊狗，颈项上吊着一个铜铃，一路上当啷当啷响个不停。

在北京高校代课期间，有一回，他跟八九个学生一起骑着驴子到钓鱼台玩，一路上还给学生们讲授骑术，让这些年轻人大开眼界。

在北京教育部工作期间，鲁迅经常坐骡车上下班。1924年去西安讲学，有一段路也是坐着骡子拉的车。

羊

在鲁迅看来，羊是顺从与柔弱的象征。他曾经这样描写所谓的“领头羊”：“这样的山羊我只见过一回，确是走在一群胡羊的前面，脖子上还挂着一个小铃铎，作为智识阶级的徽章。通常，领的赶的却多是牧人，胡羊们便成了一长串，挨挨挤挤，浩浩荡荡，凝着柔顺有余的眼色，跟定他匆匆地竞奔它们的前程。我看见这种认真的忙迫的情形时，心里总想开口向它们发一句愚不可及的疑问——‘往那里去?!’”鲁迅接着说：“君子若曰：‘羊总是羊，不成了一长串顺从地走，还有什么别的法子呢？君不见夫猪乎？拖延着，逃着，喊着，奔突着，终于也还是被捉到非去不可的地方去，那些暴动，不过是空费力气而已矣。’”虽然都不能逃脱死亡的命运，但猪毕竟有反抗，从这一点看来，羊比不了猪。

猪

小时候，鲁迅的床前就贴着“八戒招赘”的花纸，他觉得“满纸长嘴大耳”，“不甚雅观”。

他对逃到野外的家猪倒是颇为敬畏：“君不见夫野猪乎？它以两个牙，使老猎人也不免于退避。这牙，只要猪脱出了牧豕奴所造的猪圈，走入山野，不久就会长出来。”这一点，王小波那篇《一只特立独行的猪》，可为佐证。

在《关于猪八戒》一文中，鲁迅对于文学史上关于猪的描写如数家珍，他认为，“东晋干宝《搜神记》卷十八中母猪变少女的故事，是中国小说中最早写到猪的资料”。鲁迅还对《西游记》中猪八戒的来历提出了自己的观点。

在《奔月》中，后羿曾经射杀过一头封豕，封者，大也，豕者，猪也，封豕就是大猪。

象

林语堂认为鲁迅在中国属于“稀有动物”，便称他为“白象”。于是，在《两地书》中，有时候许广平也称他“小白象”。海婴出生后，鲁迅得意地称自己的儿子为“小红象”，当然也是稀有品种了。

鲁迅说，狗和猫有仇，也与象有关。“据说，是这么一回事：动物们因为要商议要事，开了一个会议，鸟、鱼、兽都齐集了，单是缺了象。大家议定，派伙计去迎接它，拈到了当这差使的阄的就是狗。‘我怎么找到那象呢？我没有见过它，也和它不认识。’它问。‘那容易，’大众说，‘它是驼背的。’狗去了，遇见一匹猫，立刻弓起脊梁来，它便招待，同行，将弓着脊梁的猫介绍给大家道：‘象在这里！’但是大家都嗤笑它了。从此以后，狗和猫便成了仇家。”

鲁迅对动物园里的象却有另一番感慨。看见“母象请安，虽然往往破颜一笑，但同时也觉得不舒服，甚至于感到悲哀，以为这些多余的聪明，倒不如没有的好吧”。

虎

鲁迅曾以老虎自比。有朋友笑他对海婴过于溺爱，他为此写了一首《答客诮》：“无情未必真豪杰，怜子如何不丈夫。知否兴风狂啸者，回眸时看小於菟。”於菟，即老虎，是江浙一带的方言。

小时候，在夏夜，鲁迅躺在大桂树底下乘凉，听祖母讲过猫是虎的师父。鲁迅想：“幸而老虎很性急，否则从桂树上就会爬下一匹老虎来。”

狼

相对而言，鲁迅对于“带着野性”，不懂得“骑墙”的狼是很欣赏的。孤独者魏连殳“像一匹受伤的狼，当深夜在旷野中嗥叫，惨伤里夹杂着愤怒和悲哀”。

阿Q临刑前想到：“四年之前，他曾在山脚下遇见一只饿狼……可是永远记得那狼眼睛，又凶又怯，闪闪的像两颗鬼火，似乎远远的来穿透了他的皮肉。”

祥林嫂的独生儿子阿毛，也是被狼吃掉的。

螃　蟹

鲁迅说：“第一次吃螃蟹的人是很可佩服的，不是勇士谁敢去吃它呢?”

在南京水师学堂读书时，鲁迅认为高年级的同学有螃蟹性：“不但上讲堂时挟着一堆厚而且大的洋书，气昂昂地走着……便是空着手，也一定将肘弯撑开，像一只螃蟹，低一班的在后面总不能走出他之前。”后来，鲁迅在教育部又看到了这种做派的官僚，于是慨叹：“可见螃蟹态度，在中国也颇普遍。”在小说《孤独者》中，鲁迅再度使用了这个比喻：“使人不耐的倒是他的有些来客，大抵是读过《沉沦》的罢，时常自命为‘不幸的青年’或是‘零余者’，螃蟹一般懒散而骄傲地堆在大椅子上，一面唉声叹气，一面皱着眉头吸烟。”

鲁迅喜欢吃螃蟹，他在《论雷峰塔的倒掉》一文中那段关于吃螃蟹的描述，颇为诱人："秋高稻熟时节，吴越间所多的是螃蟹，煮到通红之后，无论取哪一只，揭开背壳来，里面就有黄，有膏；倘是雌的，就有石榴子一般鲜红的子。先将这些吃完，即一定露出一个圆锥形的薄膜，再用小刀小心地沿着锥底切下，取出，翻转，使里面向外，只要不破，便变成一个罗汉模样的东西，有头脸，身子，是坐着的，我们那里的小孩子都称他'蟹和尚'，就是躲在里面避难的法海。"

1919 年 8 月，鲁迅发表了散文诗《螃蟹》，作品描写饱经沧桑的老螃蟹揭穿了那个口称"帮助"，而实则想"吃掉"它的同种的伪善者的面目，告诫人们对那些口蜜腹剑的人，要保持警惕。

细腰蜂

在《春末闲谈》中，他借细腰蜂揭示奴化教育："这细腰蜂不但是普通的凶手，还是一种很残忍的凶手，又是一个学识技术都极高明的解剖学家。她知道青虫的神经构造和作用，用了神奇的毒针，向那运动神经球上只一螫，它便麻痹为不死不活状态，这才在它身上生下蜂卵，封入窠中。青虫因为不死不活，所以不动，但也因为不死不活，所以不烂，直到她的子女孵化出来的时候，这食料还和被捕当日一样的新鲜。"

跳蚤 · 蚊子 · 苍蝇

跳蚤、蚊子、苍蝇被鲁迅并称为"夏三虫"，如果你问鲁迅，在这三者之中最爱哪一种，他的答案一定是跳蚤。因为"跳蚤的来吮血，虽然可恶，而一声不响地就是一口，何等直截爽快"。鲁迅在 1928 年还翻译过法国颓废派诗人纪尧姆 · 亚波里耐尔的讽刺短诗《跳蚤》。

鲁迅终生与蚊子战斗，他的好多文章是夏夜在蚊子的围攻中写就的，他的好多信最后都写着“蚊子咬我”。他认为蚊子不如跳蚤：“蚊子便不然了，一针叮进皮肤，自然还可以算得有点彻底的，但当未叮之前，要哼哼地发一篇大议论，却使人觉得讨厌。如果所哼的是在说明人血应该给它充饥的理由，那可更其讨厌了，幸而我不懂。”不过，他也有赞美蚊子的时候。在1911年致许寿裳的信中说到自己准备组织一些人，集资出书，“亦是蚊子负山之业，然此蚊不自量力之勇，亦尚可嘉”。

关于苍蝇，不能不提鲁迅的一句名言：“有缺点的战士终竟是战士，完美的苍蝇也终竟不过是苍蝇。”

当时卫生知识贫乏，国人似乎对苍蝇的危害认识不够，鲁迅对此深表忧虑：“苍蝇嗡嗡地闹了大半天，停下来也不过舐一点油汗，倘有伤痕或疮疖，自然更占一些便宜；无论怎么好的，美的，干净的东西，又总喜欢一律拉上一点蝇矢。但因为只舐一点油汗，只添一点腌臜，在麻木的人们还没有切肤之痛，所以也就将它放过了。中国人还不很知道它能够传播病菌，捕蝇运动大概不见得兴盛。它们的运命是长久的；还要更繁殖。”

有时候他也会被苍蝇弄得不胜其烦：“早晨被一个小蝇子在脸上爬来爬去爬醒，赶开，又来；赶开，又来；而且一定要在脸上的一定的地方爬。打了一回，打它不死，只得改变方针：自己起来。”

在小说《兔和猫》中，鲁迅写到了苍蝇和它的天敌蝇虎：“夏夜，窗外面，常听到苍蝇的悠长的吱吱的叫声，这一定是给蝇虎咬住了……”所谓“蝇虎”，其实是一种专吃苍蝇的小蜘蛛。

蛆 虫

说完了苍蝇，顺便说一下蛆虫。在鲁迅看来，即使蛆虫也有优劣之分：“譬如有一堆蛆虫在这里罢，一律即即足足，自以为是绅士淑女，文人学士，名宦高人，互相点头，雍容揖让，天下太平，那就是全体没有什么高下，都是平常的蛆虫。但是，如果有一只蓦地跳了出来，大喝一声道：‘这些其实都是蛆虫！’那么，——自然，它也是从茅厕里爬出来的，然而我们非认它为特别的伟大的蛆虫则不可。蛆虫也有大小，有好坏的。”

臭 虫

1912 年去北京教育部任职，在绍兴会馆住的第一夜，便遭遇了臭虫的骚扰：“夜卧未半小时即见蜰虫三四十。”蜰虫者，臭虫也。没办法，鲁迅只好在桌子上凑合了一夜。他在《上海的少女》一文中曾经调侃道：“有些人宁可居斗室，喂臭虫，一条洋服裤子却每晚必须压在枕头下，使两面裤腿上的折痕天天有棱角。”

虱 子

读过《阿 Q 正传》的人，都会记得阿 Q 与王胡比赛捉虱子的那一幕。眼看着王胡捉了一只又一只，还“放在嘴里毕毕剥剥地响”，阿 Q 好生嫉妒。“好容易才捉到一个中的，恨恨地塞在厚嘴唇里，狠命一咬，劈的一声，又不及王胡的响。”简直是气急败坏。鲁迅说过：“车夫坐在路边赤膊捉虱子，并不算什么，富家姑爷坐在路边赤膊捉虱子，才成为‘丢脸’”。

海乙那（鬣狗）

在《狂人日记》中，狂人记得，“有一种东西叫‘海乙那’的，眼光和样子都很难看；时常吃死肉，连极大的骨头，都细细嚼烂，咽下肚子去，想起来也教人害怕。‘海乙那’是狼的亲眷，狼是狗的本家。前天赵家的狗，看我几眼，可见他也同谋，早已接洽”。海乙那是英语 hyena 的音译，即鬣狗（又名土狼），是一种食肉兽，常跟在狮虎等猛兽后边，以它们吃剩的兽类的残尸为食。

鸡·鸭·鹅

鲁迅在 1927 年写给郁达夫的信中则曾自比为雄鸡：“在这半年中，我譬如是一只雄鸡，在和对方呆斗。这呆斗的方式，并不是两边就咬起来，却是振冠击羽，保持着一段相当距离的对视。”

在《伤逝》里，子君养过“四只小油鸡”，在小院子里和房主人的十多只在一同走。后来，“油鸡们也逐渐成为肴馔”，子君和涓生以及它们的小狗阿随都享用了十多日的鲜肥。在《鸭的喜剧》里，也有几只小鸡。“因为小鸡是容易积食，发痧，很难得长寿的；而且有一匹还成了爱罗先珂君在北京所作唯一的小说《小鸡的悲剧》里的主人公。”

在《鸭的喜剧》中，他这样描写鸭子：“小鸭也诚然是可爱，遍身松花黄，放在地上，便蹒跚地走，互相招呼，总是在一处。”至于鲁迅讨厌的看客：他们“颈项都伸得很长，仿佛许多鸭，被无形的手捏住了的，向上提着”。

在《长明灯》中，鲁迅则借孩子之口讲了一个关于“鹅”的谜语：“白篷船，红划楫，摇到对岸歇一歇，点心吃一些，戏文唱一出。”

兔　子

在小说《兔和猫》中，他以怜爱的笔触写到邻居家买的一对小白兔：“这一对白兔，似乎离娘并不久，虽然是异类，也可以看出他们的天真烂漫来。但也竖直了小小的通红的长耳朵，动着鼻子，眼睛里颇现些惊疑的神色，大约究竟觉得人地生疏，没有在老家时候的安心了。”

在《狂人日记》中，他则借狂人之笔写道：“狮子似的凶心，兔子的怯弱，狐狸的狡猾……”

猹

凡是读过《故乡》的人，都不会忘记那只从少年闰土胯下逃走的“猹”。鲁迅曾说：“‘猹’字是我据乡下人所说的声音，生造出来的，……现在想起来，也许是獾罢。”

怪　哉

在三味书屋的时候，鲁迅听说有一种虫，名曰“怪哉”，“冤气所化，用酒一浇，就消释了”。他很想知道详情，便问老师寿镜吾先生。“先生，‘怪哉’这虫，是怎么一回事?”得到的答案是“不知道”。

……

1936年，鲁迅在去世前不久写道：“假使我的血肉该喂动物，我情愿喂狮虎鹰隼，却一点也不给癞皮狗们吃。养肥了狮虎鹰隼，它们在天空、岩角、大漠、丛莽里是伟美的壮观，捕来放在动物园里，打死制成标本，也令人看了神旺，消去鄙吝的心。”即使对于动物也是爱憎分明，这就是鲁迅的个性。

室外独留滋卉地

——鲁迅的植物世界

鲁迅对植物有着非比寻常的热爱，这有家庭方面的原因，他家称得上是养兰世家。1933 年 11 月 14 日，他在写给山本初枝的信中讲到“我的曾祖栽培过许多兰花，还特地为此盖了三间房子”。他自幼喜欢花花草草，还跟他的远房叔祖周玉田有关。周玉田“是一个胖胖的，和蔼的老人，爱种一点花木，如珠兰、茉莉之类，还有极其少见的，据说从北边带回去的马缨花”。10 岁那年，鲁迅在周玉田的家里读到三国陆玑的《毛诗草木鸟兽虫鱼疏》，这激发了他对于花草的兴趣。

后来，鲁迅用 200 文压岁钱从三味书屋的一个同学那里，买来第一部附图的植物书《花镜》，更是爱不释手。他把清明时节从山上移来的植物栽到盆里，并插上短竹签，标明名称。他种的花有映山红、石竹、盆竹、平地木、万年青、银边万年青、黄杨、栀子、佛拳、巧角荷花、羽士装、大金黄、芸香、蝴蝶花、吉祥草、萱花、金钱石菖蒲、荷花、夜娇娇、鸡冠花、凤仙花、茑萝松等等，种类繁多。每年花籽成熟，他就收集起来用纸包好，等待来年再种。他还用实践中得来的知识，纠正了《花镜》中的某些错误和不全面之处。如《花镜》上说：映山红“若欲移植家园，须以本土壅始活”。鲁迅则认为，这种花性喜干燥，不宜多浇水，即使不以本土也能栽活。在他家后边的百草园里，可以看到“高大的皂荚树，紫红的桑葚”；可以看到“何首乌藤和木莲藤缠络着”；“如果不怕刺，还可以摘到覆盆子，像小珊瑚珠攒成的小球，又酸又甜，色味都比桑葚要好得远”。在被家里人送到三味书屋上学后，他最恋恋不舍的还是那些虫虫草草：“Ade，我的蟋蟀们！Ade，我的覆盆子们和木莲们！”

百草园后来卖给“朱文公的子孙”，即绍兴的绅士朱阆仙，时过境迁，鲁迅笔下的那些树木早已荡然无存，为了满足游人的好奇心，绍兴的林木专家在院子里补种了一棵“高大的皂荚树”。另外，绍兴鲁迅故居里还有一株四季桂，很多人以为那是鲁迅手植的，其实那棵四季桂比鲁迅老的多。1955 年的时候，四季桂生过一场“大病”，园林工人多方医治，没有起色。据说此事惊动了当时的文化部，后来中科院的几位专家会同浙江省昆虫学家联合诊治，终于在树根处发现一个巨大的白蚁巢穴。除掉白蚁之后，鲁迅故居的这棵四季桂终于起死回生。

16 岁时，鲁迅的堂房叔祖周芹侯为他刻了两个印章，一个印文是“只有梅花是知己”，一个印文是“绿杉野屋”。从这一点，我们也不难看出鲁迅对植物的喜爱程度。

在南京求学时，鲁迅还写过《荷花杂志》。此外，他还写过一些诗，从这些诗中，我们也可窥见他对植物的一往情深。

如写于 1900 年的《莲蓬人》。

芰裳荇带处仙乡，风定犹闻碧玉香。
鹭影不来秋瑟瑟，苇花伴宿露瀼瀼。
扫除腻粉呈风骨，褪却红衣学淡妆。
好向濂溪称净植，莫随残叶堕寒塘。

又如写于1901年的《别诸弟三首》之二。

日暮舟停老圃家，棘篱绕屋树交加。
怅然回忆家乡乐，抱瓮何时共养花？

1901年初夏，寓居上海的湖南长沙人林步青，写了《惜花四律》，鲁迅从《海上文社日录》读到此诗后，写了《惜花四律·步湘州藏春园主人元韵》。从这些诗中，可以看到鲁迅对花草的款款深情。

其一

鸟啼铃语梦常萦，闲立花阴盼嫩晴。
怵目飞红随蝶舞，开心茸碧绕阶生。
天于绝代偏多妒，时至将离倍有情。
最是令人愁不解，四檐疏雨送秋声。

其二

剧怜常逐柳绵飘，金屋何时贮阿娇？
微雨欲来勤插棘，薰风有意不鸣条。
莫教夕照催长笛，且踏春阳过板桥。
只恐新秋归塞雁，兰艭载酒橹轻摇。

其三

细雨轻寒二月时，不缘红豆始相思。
堕裀印屐增惆怅，插竹编篱好护持。
慰我素心香袭袖，撩人蓝尾酒盈卮。
奈何无赖春风至，深院荼蘼已满枝。

其四

繁英绕甸竞呈妍，叶底闲看蛱蝶眠。
室外独留滋卉地，年来幸得养花天。
文禽共惜春将去，秀野欣逢红欲然。
戏仿唐宫护佳种，金铃轻绾赤阑边。

初到日本，在弘文学院学习日语时，鲁迅就买了日本人三好学著的《植物学》两厚册，且发动同学在所住的地方一起种花草。后来在仙台打算弃医从文时，他用来安慰藤野先生的借口也是生物学：“我想去学生物学，先生教给我的学问，也还有用的。”在东京“伍舍”居住时，由于院子不小，鲁迅便和朋友许寿裳一起种了许多花草，把庭院整理得整洁幽美，俨然是个小园林。从日本回国时，他特意带回了日本的水野栀子，后来送给表弟——养蜂专家郦辛农。

回国后，无论在杭州，还是在绍兴，他对植物依然保持着浓厚的兴趣。

1909 年，鲁迅在浙江两级师范学堂做日本生物教师的翻译，他常带领学生到孤山、葛岭、北高峰一带采集植物标本。有一次，学生指着路边一种开黄花的植物问日籍生物教员铃木珪寿：“它叫什么名字?”铃木答：“一枝黄花。”学生大笑：“这个花是黄色的，就叫一枝黄花? 它的学名叫什么?”鲁迅不高兴了，说道：“批评人家的错误，自己要真懂。你们可以去查查植物大词典，这个植物是属于菊科，汉名叫‘一枝黄花’，为什么不懂装懂，乱批评呢?”鲁迅还有一只从日本带回来的标本箱和一把日本式的洋桑剪，设备相当专业。仅1910年3月，鲁迅采集植物标本就达12次，制作植物标本达70多种。

他在这一时期写给好友许寿裳的信中说：“仆荒落殆尽，手不触书，惟搜采植物，不殊囊日。”据许寿裳透露，鲁迅还曾计划着写一部《西湖植物志》，可惜没有完成。

后来，在绍兴府中学堂任教时，鲁迅还提倡种树，别人都笑他：树要十年才长成，而教员不过是“当一天和尚撞一天钟”。鲁迅不以为然，他说：“就算当一天和尚撞一天钟，这钟我也得认真地撞。”很有点儿东晋名士王子猷种竹时那种“何可一日无此君”的风采。

在写于1911年的《辛亥游录》中，鲁迅记录了自己赴绍兴大禹陵采集植物标本的过程。“山不甚高，松杉骈立，朿木棘衣。更上则朿木亦渐少，仅见卉草，皆常品，获得二种。”在山顶上，鲁迅还看到了大量“叶碧而花紫”的一叶兰。据同去的鲁迅家的男佣王鹤照回忆，当时他们采集的有映山红和牛郎花，还有一种俗称“千年老勿大”的中药材。

到北京后，他先住在绍兴会馆，院子里有一株曾经“缢死过一个女人”的槐树。夏夜，鲁迅在树底下摇着蒲扇乘凉，“从密叶缝里看那一点一点的青天，晚出的槐蚕又每每冰冷地落在头颈上”。他曾在八道湾的院子里和许羡苏一起种树，为此拔掉了几株玉米，惹得二弟媳妇羽太信子很不高兴。与周作人决裂后，鲁迅搬到西三条21号住，还在小院子里种上了丁香、碧桃、刺梅、花椒等。即使在1924年7月去西安旅行讲学，他事后所回忆起的也不是什么大雁塔、华清池，居然是“很多的白杨，很大的石榴树”。

1926年鲁迅去厦门大学，他印象最深的还是那里的花草。他在给朋友的信中说：“此地没有霜雪，现在虽然稍冷，但穿棉袍尽够。梅花已开了，然而菊花也开着，山里还开着石榴花，从久居冷地的人看来，似乎‘自然’是在和我们开玩笑。”在回忆录《藤野先生》中，他写道：“福建野生着的芦荟，一到北京就请进温室，且美其名曰‘龙舌兰’。”要知道，写这篇文章时，鲁迅正在厦门大学，当地的芦荟一定给他留下了深刻的印象，他有一张照片就是特意一个人坐在长满芦荟的坟间拍的。厦门大学随处可见相思树，它们是当年鲁迅与许广平热恋的见证。那段时间，鲁迅常常一个人坐在树底下发呆，盼着许广平的来信。

1927年鲁迅定居上海后，好友章廷谦一次次邀请他到杭州玩，借口就是来杭州看花。中秋请鲁迅来看“桂花”，深秋请鲁迅来看“芦花”，冬天请鲁迅来看“梅花”。鲁迅呢，也拿不定自己最喜欢看什么花，他在一次回信中说：“桂花将开，西湖当又有一番景况，也很想一游。但这回大约恐怕懒于动身了，因为桂花开后，菊花又开，若以看花为旅行之因，计非终年往来于沪杭线上不可。拟细想一想，究竟什么花最为好看，然后再赴西湖罢。”1929年9月27日，海婴出生后，鲁迅赶到花店里选购了一盆青翠的文竹，送到许广平的床前，以表达对母子平安的祝福。后来，他也曾买过两盆文竹送给日本友人。

受家庭环境的影响，鲁迅自小就爱上了兰花。20年代末，鲁迅移居上海，在此期间结识了日本兰友小原荣次郎。小原荣次郎在东京开有一家店铺，名叫“京华堂”，经营中国文玩。因钦慕中国兰花，20年代始专事中国兰花的贩卖，曾到过绍兴、杭州、上海、苏州、无锡等地。1931年初，国民党反动派残酷镇压左联作家，柔石、殷夫等23位进步青年被捕，鲁迅被迫避居日本人开设的旅馆花园。此时，适逢小原荣次郎采兰将归国，他向鲁迅求字，鲁迅此时尚不知左联五烈士已经遇害，但估计他们凶多吉少，心情十分沉郁，于是写了一首七绝《送O. E. 君携兰归国》相赠。诗云：

椒焚桂折佳人老，独托幽岩展素心。

岂惜芳馨遗远者，故乡如醉有荆榛。

诗中托兰咏贤，把兰花“芳馨”比作革命者的伟大精神，寄情于深山幽谷的“素心”佳兰。用荆棘榛木丛生的险恶环境，来衬托兰花的高洁、素雅。

1930年6月，也是在上海，鲁迅从外边买了一盆麦冬放到阳台上，这盆麦冬给他的生活增添了一抹鲜绿。想不到第二年8月，一场不期而至的大风，把那盆麦冬吹到楼下，这令鲁迅颇为怅然。

另外，鲁迅读过、抄过或者收藏的关于植物学方面的书可谓多矣。早期就有《南方草木状》《释草小记》《群芳谱》《广群芳谱》《兰蕙同心录》《毛诗品物图考》《茶经》《五木经》等。他在日本留学时，曾寄给周建人《植物教科书》《野花时节》《植物生物故事》等有关植物方面的英文书籍三册，希望周建人研究植物学和生物学。周建人后来成为一名生物学家，与鲁迅的鼓励与支持有很大的关系。回国后，鲁迅对植物类书籍的热情不减当年，仅 1911 年 4 月就抄录了《园林草木疏》一卷，《何首乌录》一卷，《彰明附子记》一卷，《竹谱》一卷，《笥谱》二卷，《菌谱》一卷等。1930 年，鲁迅还曾翻译过日本出版的《药用植物》一书。

翻开鲁迅的作品，我们也会看到一个花花草草的世界。他的散文集命名“野草”，他的回忆录命名为“朝花夕拾”。仅仅是一本薄薄的《野草》，就用文字为我们构建了一座小小的植物王国：春天，这里不仅有“已经发芽”的“杨柳”和“吐蕾”的“山桃”。（《风筝》）而且，“白杨的嫩叶，在日光下发乌金光；榆叶梅也比昨日开得更烂漫”。“野蓟经了几乎致命的摧折，还要开一朵小花……”（《一觉》）夏天，你会觉得自己“坐小船经过山阴道，两岸边的乌桕，新禾，野花，……丛树和枯树……”“河边枯柳树下的几株瘦削的一丈红，该是村女种的罢。大红花和斑红花，都在水里面浮动，忽而碎散，拉长了，缕缕的胭脂水……”（《好的故事》）秋天，在这里，你可以捡拾起“一片压干的枫叶”，勾起你深秋的回忆，“繁霜夜降，木叶多半凋零，庭前的一株小小的枫树也变成红色了”。（《腊叶》）还可以看到“猩红的栀子”。（《秋夜》）冬天，这里“雪野中有血红的宝珠山茶，白中隐青的单瓣梅花，深黄的磬口的蜡梅花；雪下面还有冷绿的杂草”。（《雪》）即使在坟地里也有“许多许多野百合，野蔷薇”。（《过客》）在梦中，你会看到奇异的“冰树林，枝叶都如松杉。一切冰冷，一切青白”。（《死火》）当然，还有众所周知的那两株枣树：“在我的后园，可以看见墙外有两株树，一株是枣树，还有一株也是枣树。”（《秋夜》）

在鲁迅的小说中，自然环境的营造更是离不开各种植物。

在小说《故乡》中，鲁迅为我们描绘了一幅神异的图画："深蓝的天空中挂着一轮金黄的圆月，下面是海边的沙地，都种着一望无际的碧绿的西瓜。"那是少年闰土看护的瓜田。

在小说《药》中，则用枯草为我们营造了凄清死寂的氛围："微风早经停息了；枯草支支直立，有如铜丝。一丝发抖的声音，在空气中愈颤愈细，细到没有，周围便都是死一般静。"

在《社戏》中，孩子们驾着白篷船，"在左右都是碧绿的豆麦田地的河流中，飞一般径向赵庄前进了。两岸的豆麦和河底的水草所发散出来的清香，夹杂在水气中扑面地吹来"。

在《风波》中，直到夕阳西下，"场边靠河的乌柏树叶，干巴巴的才喘过气来"。

在《高老夫子》中，鲁迅特意提到了贤良女子学校的"地上有四五株树"的"植物园"。

在《在酒楼上》中，鲁迅很少见地以浓墨重彩描写了酒楼后边的一处"废园"："几株老梅竟斗雪开着满树的繁花，仿佛毫不以深冬为意；倒塌的亭子边还有一株山茶树，从晴绿的密叶里显出十几朵红花来，赫赫的在雪中明得如火，愤怒而且傲慢，如蔑视游人的甘心于远行。"

最后，让我们看看《阿Q正传》里静修庵的"菜园"。这里种着何首乌与桑树，"靠西墙是竹丛，下面许多笋，只可惜都是并未煮熟的，还有油菜早经结子，芥菜已将开花，小白菜也很老了"。关键是要有"一畦老萝卜"，那可是阿Q冒着被黑狗咬、尼姑追的危险偷过的萝卜啊。关于这萝卜，还有段文坛公案。许钦文认为，应该是那种留种的萝卜，或者是种地的人家吃不了剩下的。周作人则认为，春尽夏初的季节，园地里不可能再有萝卜了，这里是鲁迅小说化的手法，不必拘泥。在《朝花夕拾·小引》中，鲁迅说："曾经屡次忆起儿时在故乡所吃的蔬果：菱角、罗汉豆、茭白、香瓜。凡这些，都是极其鲜美可口的；都曾是使我思乡的蛊惑。"

不仅在生活中喜欢花花草草，在作品中，鲁迅也经常以植物做喻。

他说："外国的平易地讲述学术文艺的书，往往夹杂些闲话或笑谈，使文章增添活气，读者感到格外的兴趣，不易于疲倦。但中国的有些译本，却将这些删去，单留下艰难的讲学语，使他复近于教科书。这正如折花者；除尽枝叶，单留花朵，折花固然是折花，然而花枝的活气却灭尽了。人们到了失去余裕心，或不自觉地满抱了不留余地心时，这民族的将来恐怕就可虑。"在另一篇文章中，他说的更为简洁："删夷枝叶的人，决定得不到花果。"

在《伤逝》中，子君"并不爱花"，涓生"在庙会时买来的两盆小草花，四天不浇，枯死在壁角了"。这似乎成了他们爱情夭亡的象征。

在电影《黄金时代》里，细心的观众应该能注意到片中一个细节：萧红指着鲁迅家里的一株植物，问这是什么，鲁迅说这叫万年青。这个细节源于萧红的回忆散文《鲁迅先生记》："鲁迅先生家里的花瓶，好像画上所见的西洋女子用以取水的瓶子，灰蓝色，有点从瓷釉而自然堆起的纹痕，瓶口的两边，还有两个瓶耳，瓶里种的是几棵万年青。"长期生活在北方的萧红颇为好奇，她问鲁迅："这叫什么名字？屋里既不生火炉，也不冻死？"鲁迅说："这花，叫'万年青'，永久这样！"

文章得失不由天

——鲁迅教你写作

“我有一言应记取，文章得失不由天。”这是1900年鲁迅写给弟弟的诗中的句子，他在诗中勉励弟弟们勤奋学习，因为没有谁是天生会写文章的。

鲁迅之所以成为鲁迅，与他渊博的学识、深邃的思想分不开，也与他高超的写作技巧分不开。取法乎上，从鲁迅的作品中学习写作应该是一条捷径。

鲁迅曾经用“静观默察，烂熟于心，然后凝神结想，一挥而就”这样的句子描述画家的创作过程，其实这也可以视为鲁迅关于写作的经验之谈。

静观默察

“当我沉默着的时候，我觉得充实；我将开口，同时感到空虚。”这是鲁迅在他的《<野草>题辞》中的第一句话，沉默让鲁迅的思想更加深沉。西方也有“沉默是金，雄辩是银”的名言。沉静下来有助于观察，也有助于思考，而观察与思考则是写作的起点。

在《答北斗杂志社问》一文中，鲁迅所提的第一条写作建议就是：“留心各样的事情，多看看。”可见他对于观察是何等的重视。我们看他的《从百草园到三味书屋》。

> 不必说碧绿的菜畦，光滑的石井栏，高大的皂荚树，紫红的桑葚；也不必说鸣蝉在树叶里长吟，肥胖的黄蜂伏在菜花上，轻捷的叫天子（云雀）忽然从草间直窜向云霄里去了。单是周围的短短的泥墙根一带，就有无限趣味。油蛉在这里低唱，蟋蟀们在这里弹琴。翻开断砖来，有时会遇见蜈蚣；还有斑蝥，倘若用手指按住它的脊梁，便会啪的一声，从后窍喷出一阵烟雾。何首乌藤和木莲藤缠络着，木莲有莲房一般的果实，何首乌有拥肿的根。有人说，何首乌根是有像人形的，吃了便可以成仙，我于是常常拔它起来，牵连不断地拔起来，也曾因此弄坏了泥墙，却从来没有见过有一块根像人样。如果不怕刺，还可以摘到覆盆子，像小珊瑚珠攒成的小球，又酸又甜，色味都比桑葚要好得远。

在这段短短的景物描写中居然涉及了十几种动植物。要知道这是鲁迅在回忆他 30 多年前的童年生活，一个人要有何等细致入微的观察力，才能写得如此传神。

1932 年 11 月，鲁迅回北京探亲，他在写给许广平的信中说："此地甚暖和，水尚未冰，与上海仿佛，惟木叶已槁而未落，可知无大风也。"可以看出，他在观察中也带有思考和判断。

鲁迅之所以有如此敏锐的观察能力，也许与他少年时期的不幸经历有关。"有谁从小康人家而坠入困顿的么，我以为在这途路中，大概可以看见世人的真面目。"有时候，为了避难，他在亲戚家过着寄人篱下的生活，时时看人的脸色，这对他的内向性格乃至观察习惯不能不产生深刻的影响。林黛玉初到贾府，不也是"处处留心，时时在意"吗?

另外，鲁迅的观察能力也许与他自幼喜欢画画有关，画画可以培养人细心观察的习惯。他在《藤野先生》中也曾说："图还是我画的不错。"可见，鲁迅对自己的绘画能力是相当自信的。

作家唐弢在他的回忆性散文《琐忆》中曾经这样评价鲁迅的观察力："对社会观察的深刻，往往使他的批判独抒新见，入木三分。……他揭开了矛盾，把我们的思想引导到事物内蕴的深度，暗示了他的非凡的观察力。"

当然，观察能力除了需要有意识地训练，还离不开阅读和思考。鲁迅认为，没有练习过观察力的人是不懂得观察的。他赞成学习自然科学，认为可以培养人的观察能力，他认为自己的学医经历让自己在写作方面获益良多。他还说："要观察，还是先要经过思索和读书。"

凝神结想

鲁迅习惯于晚饭后一个人静静地在躺椅上思考，熟悉他的人都知道，他是在打腹稿。鲁迅作品的耐读性源于他思考的深度。

在鲁迅的作品中，我们经常可以见到那些浓缩着深邃思想的句子。在20世纪中国作家中，恐怕没有哪个人能够为我们提供这么多振聋发聩发人深省的格言警句。对于中国历史，对于中国文化，对于国民性，鲁迅都提出过入木三分的见解，这些自然离不开他深刻的思考。他的魅力就在于，往往可以从人们司空见惯的现象中获得新的发现。在写于1911年的《辛亥游录》中，他为我们分享了自己在登山时的发现："凡山之纵径，升易而降难，则其腰必生横径，人不期而用之，介然成路，不荒秽焉。"有一年春天，萧红劝他去公园游玩，鲁迅懒得去，并且说出了自己对于公园的定义："公园的样子我知道的……一进门分做两条路，一条通左边，一条通右边，沿着路种着点柳树什么的，树下摆着几张长椅子，再远一点有个水池子。"

鲁迅说过："选材要严，开掘要深。"在周作人《鲁迅小说中的人物》一书中，我们可以看到，几乎所有小说中的人物都有原型，然而又都是经过鲁迅深思熟虑剪裁取舍的。鲁迅曾说过，阿Q的形象是由三个人组成的。《一件小事》其实不过是鲁迅一次个人经历，他的车夫有一天晚上不小心碰伤了腿，鲁迅本人也从车里摔了出去，磕掉了两颗门牙。如果仅仅记述这个故事，似乎也没什么可写的。然而他在小说中却升华了故事的主题，要让车夫的形象"变成一种威压，甚而至于要榨出皮袍下面藏着的'小'来"。这似乎是一种点铁成金的力量。

小说如此，杂文同样如此。以《从孩子的照相说起》为例：鲁迅经常带海婴去照相，他注意到海婴在中国照相馆里照的照片往往是“拘谨驯良”的，在把照片寄给母亲时，他曾一再声明，海婴远没有照片上那样老实；在日本照相馆里照的照片就显得“满脸顽皮”。这是为什么呢？通过观察，鲁迅发现，原因在于中日两国的摄影师在捕捉孩子瞬间表情时的不同选择。“孩子被摆在照相机的镜头之下，表情是总在变化的，时而活泼，时而顽皮，时而驯良，时而拘谨，时而烦厌，时而疑惧，时而无畏，时而疲劳……。照住了驯良和拘谨的一刹那的，是中国孩子相；照住了活泼或顽皮的一刹那的，就好像日本孩子相。”可贵的是，鲁迅的思考并未就此止步，他进一步想到中国人在教育孩子问题上存在的弊端：“中国一般的趋势，却只在向驯良之类——‘静’的一方面发展，低眉顺眼，唯唯诺诺，才算一个好孩子，名之曰‘有趣’。”他更进一步想到学习外国先进文化的必要性：“即使并非中国所固有的罢，只要是优点，我们也应该学习。”你看，从观察到思考，到深入思考，鲁迅就是这样一步步由浅入深地开掘到国民性乃至民族文化的深层意蕴，看到了隐藏在现象背后的不寻常的东西。

善于学习

鲁迅晚年曾说过：“倘能生存，我当然仍要学习。”没错，鲁迅的一生，就是不断学习的一生，这中间当然包括对写作的学习。

在《答北斗杂志社问》一文中，鲁迅曾谈到自己在写作方面的学习经验：“看外国的短篇小说，几乎全是东欧及北欧作品，也看日本作品。”

当然，专看东欧及北欧作品也许是鲁迅本人的一种偏爱，他承认自己喜欢看被压迫民族的作品，因为这些国家跟中国有类似之处。其实，鲁迅年轻时也很喜欢读法国作家雨果的作品，他在留学日本期间就非常崇拜雨果，曾买过八大册雨果作品选集。1903 年，鲁迅暑假回国探亲期间，曾写信给在东京的同班同学伍习之，托他在东京代购新出版的雨果的中篇小说《怀旧》的日译本，并嘱他寄来绍兴。1911 年，鲁迅创作的第一篇也是唯一一篇文言小说就叫《怀旧》，这也许不仅仅是巧合吧。

鲁迅认为："凡是已有定评的大作家，他的作品，全部就说明着'应该怎样写'。只是读者很不容易看出，也就不能领悟。"鲁迅接着说："那么，不应该那么写这一面，恐怕最好是从那同一作品的未定稿本去学习了。在这里，简直好像艺术家在对我们用实物教授。恰如他指着每一行，直接对我们这样说——'你看——哪，这是应该删去的。这要缩短，这要改作，因为不自然了。在这里，还得加些渲染，使形象更加显豁些。'"可惜，在流行电脑写作的今天，我们已经很难再见到作家的修改稿了。

鲁迅自己也承认，他的第一篇白话小说《狂人日记》，"大约所仰仗的全在先前看过的百来篇外国作品和一点医学上的知识，此外的准备，一点也没有"。早在日本留学期间，鲁迅就与周作人一起翻译了大量的外国小说，并先后出版了两部《域外小说集》。可以说，这些工作对于他日后的小说创作在技巧上奠定了基础。

鲁迅从不讳言自己的作品是学习借鉴的产物。他的《狂人日记》《孔乙己》《药》等小说在当时"颇激动了一部分青年读者的心"，他却实话实说："然而这激动，却是向来怠慢了绍介欧洲大陆文学的缘故。"他告诉读者，早在 1834 年，俄国的果戈理就已经写了《狂人日记》。他在《狂人日记》里的某些话，早在1883年，就经由尼采说过。他还自己“爆料”：《药》的结尾，“也分明的留着安特莱夫式的阴冷”。

在语言学习方面，鲁迅也是不遗余力。他说：“我以为我倘十分努力，大概也还能够博采口语，来改革我的文章。”《阿Q正传》里“我手持钢鞭把你打”那几句唱词，以及阿Q在赌场上说的“青龙四百”“天门啦……角回啦……”等赌徒“专业术语”，都是向家里的佣人王鹤照请教来的。在他的作品中，更是随处可见“大欢喜”“随喜”“转轮”等大量的佛经语汇，这些都是他勤于学习的结果。

除此之外，鲁迅直接模仿的文字也不少。他承认小说《幸福的家庭》就是模仿了自己学生许钦文的《理想的伴侣》。在散文诗集《野草》中，有一首让人忍俊不禁的“拟古的新打油诗”《我的失恋》，其实就是模仿了东汉张衡的《四愁诗》。在《伪自由书·崇实》中，更是模仿唐人崔颢的《黄鹤楼》写了一首《剥崔颢黄鹤楼诗吊大学生》。

阔人已骑文化去，此地空余文化城。
文化一去不复返，古城千载冷清清。
专车队队前门站，晦气重重大学生。
日薄榆关何处抗，烟花场上没人惊。

毕加索说：“优秀的艺术家借鉴，伟大的艺术家偷窃。”对这句话，我们似乎可以从鲁迅身上得到印证。

删繁就简

郑板桥云：“删繁就简三秋树。”这话用来评价鲁迅的作品，再恰当不过了。鲁迅的作品几乎从没有长篇大论。小说不用说了，几乎全是短篇。文章呢，除了早年在日本写的几篇稍长，可以说是越写越短。他晚年的杂文，更是浓缩至极。这与鲁迅的写作习惯有关，他喜欢一气呵成，不愿拖拉，因此作品篇幅都较短。《伤逝》那篇小说，他是一口气写成的。夫人朱安劝他休息，他说："写小说是不能够休息的，过了一夜，那个创造的人物、性格也许会变得两样，和预想的相反了呢。"

这更与他的写作理念有关。他小时候喜欢画"白描"，后来在写作过程中也极力主张"白描"手法的运用。他说："'白描'却并没有秘诀。如果要说有，也不过是和障眼法反一调：有真意，去粉饰，少做作，勿卖弄而已。"

拿鲁迅自己最喜欢的小说《孔乙己》来说，仅有短短的2000来字，就"将社会对于苦人的冷淡，不慌不忙地描写出来"，这是真正的"大家风度"。

他曾这样评价自己的小说："我力避行文的唠叨，只要觉得够将意思传给别人了，就宁可什么陪衬拖带也没有。""我不去描写风月，对话也决不说到一大篇。"读过鲁迅小说的人都会同意这种说法。在小说《药》中，夏瑜那句"这大清的天下是我们大家的"；《祝福》中，鲁四那句"可恶！然而……"；《风波》里，九斤老太那句反复唠叨的"一代不如一代"，无不给人留下深刻的印象。

关于人物塑造，鲁迅说过："忘记是谁说的了，总之是，要极省俭的画出一个人的特点，最好是画他的眼睛。"在他的小说中，对眼睛的刻画可以说是比比皆是。《狂人日记》中，"睁着怪眼睛"的小孩子，"满眼凶光"的老头子，《故乡》中，"(眼睛）周围都肿得通红"的闰土，《药》中"眼里闪出一种攫取的光"的路人，《阿Q正传》中"瞪着眼睛"跟别人口角的阿Q，以及"白着眼睛"讲话的假洋鬼子等等。尤其是《祝福》中对祥林嫂的描写，更是将这种"画眼睛"的手法发挥到了极致：祥林嫂第二次到鲁镇的时候是“顺着眼，眼角上带些泪痕，眼光也没有先前那样精神了”。痛失阿毛之后，祥林嫂总是“直着眼睛，和大家讲她自己日夜不忘的故事：‘我真傻，真的’”。祝福前夜，祥林嫂试图拿烛台被四婶阻止之后，“第二天，不但眼睛窈陷下去，连精神也更不济了”。沦为乞丐之后“只有那眼珠间或一轮，还可以表示她是一个活物”。

不仅如此，对年轻作家的稿子，鲁迅一向也是严格要求。有一次，鲁迅给李霁野改稿子，对于小说结尾处“这喊声里似乎有着双关的意义”这句话，鲁迅有不同的看法，他说：“我以为这‘双关’二字，将全篇的意义说得太清楚了，所有蕴蓄有被其打破之虑。我想将它改作‘含着别样’或‘含着几样’，后一个比较的好，但也总不觉得恰好。这一点关系较大些，所以要问问你的意思，以为怎样？”

他说：“可省的处所，我决不硬添。”

他说：“我做完之后，总要看两遍，自己觉得拗口的，就增删几个字，一定要它读得顺口。”

他说：“写完后至少看两遍，竭力将可有可无的字、句、段删去，毫不可惜。宁可将可作小说的材料缩成 Sketch（小品文），决不将 Sketch 材料拉成小说。”

1924 年 2 月，鲁迅住在砖塔胡同，一天晚上，他刚刚写完小说《幸福的家庭》，便一个人朗诵起来。和他住在同一院子里的 12 岁的小姑娘俞芳，既紧张又好奇，还以为鲁迅大半夜的在跟谁高谈阔论呢。鲁迅朗诵手稿的目的，当然也是为了修改。

看上去，鲁迅属于惜墨如金的那一类作家，当然，他也有用墨如泼的时候。在《社戏》中，这样写“我”看戏：“于是看小旦唱，看花旦唱，看老生唱，看不知什么角色唱，看一大班人乱打，看两三个人互打，从九点多到十点，从十点到十一点，从十一点到十一点半，从十一点半到十二点，——然而叫天竟还没有来。”看上去啰唆到极点，其实恰到好处地把人物等待叫天出场时那种索然无味又焦躁不安的心情表达出来了。

看来，鲁迅写作并非一味地求简，更不是为简而简，而是在简练为文的基础上做到了繁简得宜，恰到好处。

绝交阿堵兮尚剩残书

——书虫鲁迅

1901 年除夕之夜，20 岁的鲁迅写了一篇妙趣横生的《祭书神文》，其中有这样的句子，“君为我守兮乐未休”。这里的“君”，指的是“书神”。鲁迅的一生，也正是读书“乐未休”的一生。

一

鲁迅出身于书香门第。他 7 岁开蒙，祖父周福清主张孩子首先应获得一点儿历史知识，所以第一本课本用的是《鉴略》，这是一部反映中国历史的蒙学读本。在《朝花夕拾·五猖会》中，鲁迅写道：“记得那时听人说，读《鉴略》比读《千字文》《百家姓》有用得多，因为可以知道从古到今的大概。”某一天，他渴望跟家人去看“五猖会”，而父亲偏偏在他出发之前让他背诵二三十句《鉴略》，而且“背不出，就不准去看会”。这件事留给他刻骨铭心的记忆。鲁迅终生关注中国历史，与他读的这第一本书不无关系。他后来也曾在一篇文章中强调：“无论是学文学的，学科学的，他应该先看一部关于历史的简明而可靠的书。”9 岁那年，祖父从北京寄来《诗韵释音》两部，并在家信中要求鲁迅与周作人人手一册地“逐字认解，审音考义”。此后，祖父又曾把一部木版《唐宋诗醇》寄回家中，并指示鲁迅他们：“初学先诵白居易诗，取其明白易晓，味淡而永。再诵陆游诗，志高词壮，且多越事。再诵苏诗，笔力雄健，辞足达意。再诵李白诗，思致清逸。如杜（甫）之艰深，韩（愈）之奇崛，不能学亦不必学也。”祖父的这番话，对鲁迅产生了重要的影响。

后来，鲁迅在他的启蒙老师——叔祖周玉田的书斋里，看见过陆玑的《毛诗草木鸟兽虫鱼疏》，还有许多闻所未闻的书籍。他那时最爱看的是《花镜》，这是成书于康熙年间的一部园艺学专著，作者陈扶摇。该书阐述了花卉栽培及园林动物养殖的知识，上面有许多图。见他喜欢插图，周玉田就向他推荐《山海经》，说起书上画有许多怪物，这使他万分渴慕。不久，不识字的保姆长妈妈设法为他买来全套四本的《山海经》。这件事在他的《朝花夕拾·长妈妈与 < 山海经 >》中有详细的记录。鲁迅回忆说：“这四本书乃是我最初得到，最为心爱的宝书。”书上神怪的图像，如人面的兽，九头的蛇，一脚的牛，袋子似的帝江，没有头而“以乳为目，以脐为口”，还要“操干戚而舞”的刑天，激发了少年鲁迅丰富奔放的想象。从此，鲁迅便热衷于搜集绘图的书，从家里原有的两三箱破烂书中见到了《尔雅音图》《百美新咏》《越先贤象（像）传》和《剑侠传图》等。同时也看到了一些小说，如《镜花缘》《儒林外史》《西游记》《三国演义》《封神榜》《聊斋志异》《夜读随录》《绿野仙踪》《天雨花》《义妖传》等。

鲁迅在 12 岁以前即已读到《论语》《孟子》，12 岁后入三味书屋学习，读书更多，16 岁以前就读完了“四书”“五经”，以后又读了《尔雅》《周礼》和《仪礼》。鲁迅曾说，“我几乎读过十三经”，并非虚言。

求学南京，鲁迅除了在课余阅读《西厢记》《红楼梦》等古典名著之外，还听说有《天演论》这本书，“星期日跑到城南去买了来”。这本书令他大开眼界。中年之后，鲁迅还清晰地记得当初的阅读感受：“哦，原来世界上竟还有一个赫胥黎坐在书房里那么想，而且想得那么新鲜？一口气读下去，‘物竞’‘天择’也出来了，苏格拉底、柏拉图也出来了，斯多葛也出来了。”对《天演论》的阅读，影响了鲁迅的人生观。

在日本留学期间，鲁迅课余经常与许寿裳一起去学校附近的丸善书店选购书刊，每次从书店归来，钱袋空空，鲁迅说一声“又穷落了”，两人相对苦笑。

去北京教育部工作，鲁迅更是成了购书狂，每年他都会拿出约等于总收入十分之一的钱来买书。翻开《鲁迅日记》，随处可见的是鲁迅买书的记录。在北京期间，他几乎每周都会到琉璃厂一带逛书肆，每次总不会空手而归。鲁迅生活节俭，但在买书方面却向来出手大方。每一年年底，像守财奴计算自己的年终收支一样，鲁迅总会合计自己一年购书的数量及花销。在 1912 年年底的书帐最后，他这样写道："京师视古籍为骨（古）董，唯大力者能致之耳。今人处世不必读书，而我辈复无购书之力，尚复月掷二十余金，收拾破书数册以自怡悦，亦可笑叹人也。"

1928 年 7 月，鲁迅和许广平到杭州"度蜜月"，也忘不了逛书店，买旧书。

在上海期间，他每月用来买书的钱，相当于普通工人数月的工资。他专门找了一间房子作为自己的藏书室。据不完全统计，鲁迅的藏书共计 7000 多部，13000 多册。

有些书买不到或者买不起，鲁迅便借来抄录。他从 12 岁开始养成抄书的习惯。开始时，抄写家藏的《康熙字典》中的古文奇字和《唐诗叩弹集》中的百花诗。周作人说："鲁迅从小喜欢书画（线装书和画谱），有些书一时买不起，他就抄书。他抄的书有《茶经》（三卷）《五木经》（三卷）《穆天子传》《南方草木状》《北户录》《桂海虞衡志》《释虫小记》《燕子春秋》《蜂衙小记》《记海错》《说郛》，又抄越中史地书，凡八种。"在鲁迅去北京后的日记中，关于抄书的记载可谓比比皆是。据朋友徐森玉回忆，鲁迅"读书之广，使我们当时感到惊奇。……他对于一些经济力量不能购买的书籍和难得的本子，往往亲自整部整部地抄录下来"。鲁迅到北京仅一年多光景，所抄之书除《谢承后汉书》《谢沈后汉书》《虞预晋书》《云谷杂记》外，又有《易林》《石屏集》等。此后，又校录《嵇康集》《谢氏后汉书补逸》《沈下贤文集》《出三藏记集》《法显传》等。鲁迅收藏的清代道光十四年临海宋氏重刻本《台州丛书》20册中，经他亲笔抄补的达4册零8页，现被定为国家一级文物。由于很多手抄稿都已遗失，今天我们已无法统计鲁迅一生中究竟抄过多少书。鲁迅天资聪明，你看，聪明人却用这种最“笨”的方法读书！

在鲁迅的文章及演讲中，有很多直接与读书有关的篇什，例如《青年必读书》《读书与革命》《读书杂谈》《读几本书》《随便翻翻》《读书忌》等，这些文字对我们今天的阅读不乏有益的启示。

二

鲁迅把读书分为两类，一类是“职业的读书”，一类是“嗜好的读书”。

所谓“职业的读书”，指的是学生为了升学考试，教师为了备课而不得不看书。他认为，职业的读书，“和木匠的磨斧头，裁缝的理针线并没有什么分别，并不见得高尚，有时还很苦痛，很可怜”。因为这并不是出于自己的热爱，是不得已而为之。他还现身说法：“我自己也这样，因为做教员，有时即非看不喜欢看的书不可，要不这样，怕不久便会于饭碗有妨。”鲁迅曾在北京数家高校代课，讲授《中国小说史》。作为授课讲义，《中国小说史略》是鲁迅积十年以上功力、花费巨大心血而编撰的一部学术著作。为完成此书，鲁迅搜集整理了大量的古代典籍，从中搜寻古代小说史料，这些材料本身就编成了《古小说钩沉》《唐宋传奇集》《小说旧闻钞》等书。其中《古小说钩沉》是一部我国隋唐以前小说的辑本，全书收小说36种。《小说旧闻钞》是鲁迅从明清和近代的近百种书籍中辑录的小说史料集，初版39篇。《唐宋传奇集》收唐宋两代传奇小说45篇。可以想见，这种“职业的读书”耗费了鲁迅多少心血。

所谓“嗜好的读书”，“那是出于自愿，全不勉强，离开了利害关系的”。在鲁迅看来，之所以有些人嗜好读书，就因为“他在每一叶每一叶里，都得着深厚的趣味”。这样的读书人是让人羡慕的。相反，如果带着很功利的目的去读书，那就会把读书当作差事，苦不堪言了。如果一本书拿到手，就满心想道，“我在读书了”，“我在用功了”，“那就容易疲劳，因而减掉兴味，或者变成苦事了”。

随之而来的问题是，读什么书呢?

关于读什么书，鲁迅曾经有一段著名的公案。1925年1月，北京《京报副刊》登出启事，征求“青年必读书”和“青年爱读的书”各10部的书目，鲁迅在回答时交了白卷：“从来没有留心过，所以现在说不出。”不仅如此，他还有更惊世骇俗的言论：“我以为要少——或者竟不——看中国书，多看外国书。”他说：“我看中国书时，总觉得就沉静下去，与实人生离开；读外国书——但除了印度——时，往往就与人生接触，想做点事。中国书虽有劝人入世的话，也多是僵尸的乐观；外国书即使是颓唐和厌世的，但却是活人的颓唐和厌世。”其实，早在1919年，鲁迅在写给好友许寿裳的信中就有类似的表达：“中国古书，叶叶害人……少年可读之书，中国绝少。”这种“极端”的言论在当时自然遭到了众多人士的抨击。有人指出，你鲁迅先生“读得中国书非常的多。……如今偏不让人家读，……这是什么意思呢!”对此，鲁迅在他的《这是这么一个意思》一文中是这样解释的：“我向来是不喝酒的，数年之前，带些自暴自弃的气味喝起酒来了，当时倒也觉得有点舒服。先是小喝，继而大喝，可是酒量愈增，食量就减下去了，我知道酒精已经害了肠胃。现在有时戒除，有时也还喝，正如还要翻翻中国书一样。但是和青年谈起饮食来，我总说：你不要喝酒。听的人虽然知道我曾经纵酒，而都明白我的意思。”在当时的背景下，鲁迅之所以反对读中国书，我们可以将其理解为一种矫枉过正吧。多阅读一些外国作品，对于青年人开阔视野、优化知识结构大有好处。

有意思的是，1930 年，鲁迅好友许寿裳的儿子许世瑛考入清华大学中文系，许寿裳请求鲁迅给许世瑛推荐古典文学读物，他列了一份包括 12 部中国古书的书单，它们是：《唐诗纪事》《唐才子传》《全上古三代秦汉三国六朝文》《全汉三国晋南北朝诗》《历代名人年谱》《少室山房笔丛》《四库全书简明目录》《世说新语》《唐摭言》《抱朴子外篇》《论衡》《今世说》。对照梁启超、胡适、钱穆等人给年轻人所列的书目，你会看到鲁迅在阅读兴趣上的与众不同之处。后来，许世瑛从清华大学中文系毕业，考入研究院，师从赵元任、陈寅恪研究语言声韵学和历史，再后来，他写出了《中国目录学史》《中国文法讲话》等专著，成为名副其实的学者，也算没有辜负鲁迅的期望。

鲁迅曾经谆谆告诫文学青年：“读书的范围要比较广，不应该只限于文艺作品，哲学、心理学、社会科学的书籍也要选读，使自己有比较丰富的常识。”也就是说要杂览。鲁迅说：“‘杂’，现在又算是很坏的形容词。但我以为也有好处。”他主张青年人要学会泛览：“即使和本业毫不相干的，也要泛览。譬如学理科的，偏看看文学书，学文学的，偏看看科学书，看看别个在那里研究的，究竟是怎么一回事。这样子，对于别人，别事，可以有更深的了解。”1927 年，鲁迅在广州知用中学所做的《读书杂谈》演讲中也说过类似的意思：“爱看书的青年，大可以看看本分以外的书，即课外的书，不要只将课内的书抱住。”他打比方说：“必须如蜜蜂一样，采过许多花，这才能酿出蜜来，倘若叮在一处，所得就非常有限，枯燥了。”当然，具体读什么，还要自己判断：“我们自动的读书，即嗜好的读书，请教别人是大抵无用，只好先行泛览，然后抉择而入于自己所爱的较专的一门或几门。”

读鲁迅的文章，你会被其丰富的知识所折服。文史知识就不用说了，即使是自然科学知识也是顺手拈来。1903 年，他在留日期间就曾经写过《说鈤》一文，成为第一个全面介绍镭的发现的中国人。1906 年，他跟同学顾琅合编的《中国矿产志》出版，成为中国第一部地质矿产专著。在《论“费厄泼赖”应该缓行》中，他提到了霍乱病菌的特性；在《记念刘和珍君》中，他讲到了煤的形成。1933 年，张天翼在小说《蜜蜂》中提到蜜蜂会咬食花朵，影响农业。施蛰存认为，蜜蜂只会传播花粉，怎么会咬食花朵呢？鲁迅则指出，在蜂多花少的时候，蜜蜂的确会咬食花朵……这些，与他广泛的涉猎是分不开的。他曾在一封信里说道：“先前的文学青年，往往厌恶数学、理化、史地、生物学，以为这些无足轻重，后来做起文章来也糊涂。”他还说过：“现在青年们一般的错误是观察不广，往往只在一个很小的圈子里打转。喜欢文学的往往不看科学一类的书”，这样，“便是文学，也绝弄不出可观的结果来”。

三

关于如何阅读，鲁迅自然有很多经验之谈。下面举其荦荦大端者：

1. 随便翻翻

鲁迅在一篇题为《随便翻翻》的文章中说道：“现在有一

些老实人，和我闲谈之后，常说我书是看得很多的，略谈一下，我也的确好像书看得很多，殊不知就为了常常随手翻翻的缘故，却并没有本本细看。”他接着举了一个例子，“譬如我们看一家的陈年账簿，每天写着‘豆腐三文，青菜十文，鱼五十文，酱油一文’，就知先前这几个钱就可买一天的小菜，吃够一家；看一本旧历本，写着‘不宜出行，不宜沐浴，不宜上梁’，就知道先前是有这么多的禁忌”。鲁迅认为：“讲扶乩的书，讲婊子的书，倘有机会遇见，不要皱起眉头，显示憎厌之状，也可以翻一翻；明知道和自己意见相反的书，已经过时的书，也用一样的办法。”英国思想家培根在《论读书》一文中也说：“书有可浅尝者，有可吞食者，少数则须咀嚼消化。”鲁迅所说的“随便翻翻”，针对的就是那些可以“浅尝”的书，可以“吞食”的书吧。

2. 善用书目

鲁迅还善于利用书目进行阅读。书目即图书目录，是著录一批相关文献的工具。它著录文献的基本特征，并按一定的顺序编排而成。鲁迅把目录学视为学习的指要和引导，特别注意收集书目，凡是出版社、书店、图书馆出版、出售的书报目录，他都要仔细阅读。他还把清代乾隆时期纪晓岚主持编修的《四库全书总目提要》，作为一部入门书向初学者推荐。“倘还怕繁，那么，《简明目录》也可以，这可要细看，它能做成你好像看过许多书。”这完全是金针度人，一般人谁会把话说得这么实在呢？书目贵精不贵多，鲁迅说：“有些书目开得太多，要十来年才能看完，我还疑心他自己就没有看。”如前所述，鲁迅给许世瑛开列了中文书目，仅有 12 部。相对于胡适给清华大学学生开列的 184 种“最低限度”的国学书目，真可谓少之又少。许世瑛后来执教于台湾多所大学，他的学术代表作就是《中国目录学史》，与当初鲁迅给他开的这份书目不无关系。

3．读、思、行相结合

鲁迅是个不折不扣的读书人，但如果就此认为鲁迅同意“万般皆下品，唯有读书高”的论调，那就大错特错了。

相对于阅读者，鲁迅更欣赏思想者，“较好的是思索者，因为能用自己的生活力了”。鲁迅反复强调，青年在选择读物时不要迷信批评家的评价，要“自己思索，自己做主”。郑板桥曾经嘲笑那些只读书不思考的人是“两脚书橱，最不济事”。鲁迅也说：如果读书仅限于囫囵吞枣而缺乏自己的思考，“便变成书橱，即使自己觉得有趣，而那趣味其实是在逐渐硬化，逐渐死去了”。他还引用英国作家萧伯纳的话说：“世间最不行的是读书者。因为他只能看别人的思想艺术，不用自己。”他还借用德国思想家叔本华的话，奉劝青年人不要让“脑子里给别人跑马”。相对于思想者，鲁迅更欣赏观察者，“更好的是观察者，他用自己的眼睛去读世间这一部活书”，要“自己思索，自己观察”。相对于观察者，他更钦佩实践者。“但专读书也有弊病，所以必须和现实社会接触，使所读的书活起来。”“现在的青年最要紧的是‘行’，不是‘言’。”这很容易让我们想起马克思的名言：“哲学家们只是以不同方式解释世界，问题在于改变世界。”

鲁迅穿衣服随随便便，但却爱书成癖。他手头常用的书，不论怎么忙，总要先包好书皮。每次向朋友或者学生赠书时，他也喜欢用报纸或别的包书纸包得整整齐齐，棱角分明。他一生手不释卷，即使在生命的最后时刻，床头还堆满了没来得及看的书。可以说，阅读已经成为鲁迅的生活方式。我们不知道鲁迅在其并不漫长的一生中究竟读过多少书，但我们可以从鲁迅的文字中感受到阅读的魅力和文化的力量。

最能抵抗疾病的中国人

——鲁迅的医、患生涯

医生鲁迅

众所周知，鲁迅早年曾在日本学医。在回忆性散文《父亲的病》中，鲁迅详细回顾了绍兴名医给父亲治病的经过，表达了对中医的失望，这也是促成他选择学医的重要原因。关于这一点，他在《<呐喊>自序》中有过明确的表述：“我的梦很美满，预备卒业回来，救治像我父亲似的被误的病人的疾苦，战争时候便去当军医。”其实，当初在东京弘文学院学完日语后，按照规定，鲁迅应升入东京帝国大学工科所属的采矿冶金科学习，鲁迅却选择了学医。他对同学厉绥之说：“做医生不是为了赚钱，而是为劳苦同胞治病出力，清政府以民脂民膏给我们出国留学，我们应报答劳苦大众。”在他的带动下，厉绥之也选择了学医。另外，鲁迅认为中国女人的裹脚是一件十分痛苦的事，他立志学医还有矫正小脚的愿望。当然，鲁迅自幼饱受牙疼困扰，历年来在国内试遍中医验方，从未治愈，所以学医也是为了探寻治疗牙疼的方法。据他的学生尚钺回忆，鲁迅曾经说过，本来他是要学海军的，后来曾立誓永不杀人，故而选择了治病救人的道路。如此说来，鲁迅选择学医的原因是多方面的。

“物以稀为贵”，鲁迅在日本仙台医学专科学校受到了格外的礼遇。以藤野先生为代表的老师也很喜欢他。同学们对他也很友善。有一次，鲁迅得了重感冒，班长铃木逸太郎专门去看望他。尽管如此，鲁迅最后还是放弃了医学。

至于放弃学医的原因，鲁迅在《<呐喊>自序》《藤野先生》等文中也有过说明，是因为那次著名的“幻灯片事件”。时值日俄战争期间，有的教师在授课间隙，会放映与战争有关的幻灯片。“有一回，我竟在画片上忽然会见我久违的许多中国人了，一个绑在中间，许多站在左右，一样是强壮的体格，而显出麻木的神情。据解说，则绑着的是替俄国做了军事上的侦探，正要被日军砍下头颅来示众，而围着的便是来赏鉴这示众的盛举的人们。……从那一回以后，我便觉得医学并非一件紧要事，凡是愚弱的国民，即使体格如何健全，如何茁壮，也只能做毫无意义的示众的材料和看客，病死多少是不必以为不幸的。所以我们的第一要著，是在改变他们的精神……”鲁迅离开仙台后，跟好友许寿裳说：“中国的呆子，坏呆子，岂是医学所能治疗的么?”

另外，在学习解剖学之后，鲁迅意识到女人的裹脚对骨骼造成的伤害，是一个不可逆的过程，这让他大为失望。还有一点也是不容忽视的，那就是鲁迅对学校课程的厌倦。他在1904

年10月8日写给好友蒋抑卮的信中说："校中功课大忙，日不得息。以七时始，午后二时始竣。树人晏起，正与为雠。所授有物理、化学、解剖、组织、独乙（德语）种种学，皆奔逸至迅，莫暇应接。组织、解剖二科，名词皆兼用腊丁（拉丁）、独乙，日必暗记，脑力顿疲。幸教师语言尚能领会，自问苟侥幸卒业，或不至为杀人之医。……校中功课，只求记忆，不须思索，修习未久，脑力顿锢。四年而后，恐如木偶人矣。……不暇握管。而今而后，只能修死学问，不能旁及矣，恨事！恨事！"从这封信我们不难看出，鲁迅对专业已然厌烦至极。而且，尽管鲁迅相当勤奋，他的学业成绩也还是不很理想。看他第一学年考试成绩："解剖学58分，组织学71分，生理学70分，伦理学83分，德语60分，物理学60分，化学62分。"除了伦理学之外，多数学科成绩在60分上下，他在全年级142名学生中排68名。尽管这对于一个留学生来说已经算是相当不错的成绩了，但当初鲁迅在南京矿路学堂学习时在班里总是出类拔萃的，对比之下，他心里的那份失落可想而知。因此可以说，"幻灯片事件"固然是鲁迅"弃医从文"的直接诱因，但长期以来对于学业的厌倦不能不说是他放弃学医的一个重要的心理背景。

虽然不做医生，但鲁迅毕竟是学过医的。在浙江两级师范学堂教书期间，他曾经给那些好奇的同事和学生讲起自己的学医生涯。尤其是那些关于尸体解剖的事情，被当时的人们视为"海外奇谈"，他都一五一十地说给他们听。他当时执教生理卫生，这也属于他的"专业"范畴。

在他的作品中，涉及医学知识的地方更是比比皆是。鲁迅说过，他写作第一篇白话小说《狂人日记》，除了凭着以前读过的200来篇外国小说，还有就是一点儿医学常识。

在小说《弟兄》中，他详细地描写了病人“出疹子”的症状。

在《祝福》中，他让祥林嫂一遍又一遍重复的那句“我真傻，真的……”，把一个因备受打击而近乎精神失常的悲剧女性的形象表现得淋漓尽致。

在《药》中，则对肺结核患者的病状有着极为真实的描写。

在《<热风>题记》中，鲁迅说：“我以为凡对于时弊的攻击，文字须与时弊同时灭亡，因为这正如白血轮之酿成疮疖一般，倘非自身也被排除，则当它的生命的存留中，也即证明着病菌尚在。”

在《论“费厄泼赖”应该缓行》中说：“霍乱病菌，虽然生殖得快，那性格却何等的老实。然而医生是决不肯放过它的。”

不仅如此，在生活中鲁迅经常给自己治病，也喜欢给别人开药方。

在北京过“单身”生活的时候，他经常自制姜汤治疗胃疼。有时候得了病，医生不肯告诉他病情的严重性，他就用“医学家式”地提问，逼着人家说出实情。

当时还是北大学生的尚钺身体不太好，患有严重的神经衰弱。有一次，他带着自己的稿子去见鲁迅，鲁迅早已从别的同学那里知道了他的情况，因此尚钺一进门，鲁迅就像个医生似的仔细询问他的病情。并安慰他说：“研究文学的人，最易得神经衰弱，以后你不要深夜读书写稿子，也许会好起来。现在病刚好，需要有充分的休息。我这里有一个专治神经衰弱的药方，是曾经试验有效的。你去买来吃着试试看。”说着，鲁迅便开了个药方给尚钺，要他到药房去买。

他的老师寿镜吾先生的儿子寿洙邻曾患背疡，鲁迅就给他解释患病原因及治疗方法，讲得头头是道。

有一年，他的同乡学生宋紫佩的妻子生了个孩子。这本来是件大喜事，但因为早产，照孩子出生和宋紫佩回家的时间算起来，还不到十个月。这就让宋紫佩的母亲大发雷霆，把他从北京叫回来，要开祠堂兴师问罪。宋紫佩赶紧向鲁迅求救。鲁迅凭着自己的医学知识，从孩子的未完全成熟的生理上证明新生儿确实是个早产儿，并且给他起了个名字叫"舒"，一场风波才告平息。为此，宋紫佩对鲁迅感激不尽。鲁迅离开北京后，在北京家中的很多事情都是由他帮助打理的。

在写给朋友的信中，鲁迅经常为他们如何治病出主意，也经常谈及自己是如何治病的。例如，他在 1927 年 1 月 10 日写给韦素园的信中说："兄咯血，应速治，除服药打针之外，最好是吃鱼肝油。"而鱼肝油正是鲁迅喜欢吃的东西，不仅自己喜欢吃，还经常让海婴吃。在 1927 年 7 月 7 日写给章廷谦的信中，他不无得意地介绍自己治感冒的经验："前几天生热病……我即用 Aspirin（阿司匹林）及金鸡那霜攻击之……三天就好了，昨天就几乎已经复原。"在另一封写给章廷谦的信中，对章的腹泻减肥法提出质疑："与其胖也宁瘦，在兄虽也许如此，但这是应该由运动而瘦才好，以泻医胖，在医学上是没有这种办法的。"很显然，鲁迅是主张运动减肥的。

在上海期间，鲁迅很关心年轻作家徐懋庸的身体状况。有一段时间，徐懋庸总是消化不良，鲁迅便亲自到药房买了一瓶蓖麻子油送给他，并对他说："服了这个，泻一泻就好了，这是起物理作用的药物，没有副作用的。"甚至连徐懋庸的孩子病了，鲁迅都曾亲自给开药方。

翻译家曹靖华的女儿五六岁了还不会说话，不会走路，他向鲁迅求教。鲁迅说："你的女儿的情形，倘不经西医诊断，恐怕是很难疗治的。既然不傻不痴，而到五六岁还不能说话，也许是耳内有病，因为她听不见，所以无从模仿，至于不能走，则是'软骨病'也未可知。打针毫无用处，海参中国虽算是补品，其实是效力很少（不过和吃鱼虾相仿佛），婴儿自己药片有点效，但以小病症为限。"

老友许寿裳患有脚气病，鲁迅在写给他的信中详细地介绍了卖脚气药的药店和脚气药的种类及用法："卖脚气药处，系'上海大东门内大街，严大德堂'，药计二种，一曰脚肿丸，浮肿者服之；一曰脚麻丸，觉麻痹者服之。应视症以求药，每服似一元，大率二服便愈云。"

海婴生病期间，每次大便，鲁迅一定要看过之后，才亲自倒进马桶里。别人劝他不必亲力亲为，他说："医生眼里的清洁，不是看表面，是看有否消毒过，平常人所说的龌龊是靠不住的。"他对于孩子健康方面的操心，在外人看来简直有些过于郑重其事，没办法，谁让鲁迅老来得子呢。连许广平也说："如果再多添几个小孩，真会把他累死。"

不仅如此，对于医生的风格与医院的弊端，他也有自己的见解。在1928年6月6日致章廷谦的信中，他说："朱内光医生，我见过的，他很细心，本领大约也有，但我觉得他太小心。小心的医生的药，不会吃坏。……不过医院大规模的组织，有一个通病，是医生是轮流诊察的，今天来诊的是甲，明天也许是乙，认真的还好，否则容易模模糊糊。"

患者鲁迅

相对于医生这一角色，鲁迅更多的时候是一名患者。

鲁迅自幼喜欢吃零食，这个习惯终生未改，这严重损害了他的牙齿。他在七八岁时即患有龋齿，在1913年前后的日记中，就有像“夜齿大痛，不得眠”；“下午，拔去龋齿。归后仍未愈，盖犹有龋者”；“齿小痛”等这样的记录。要知道，那时候先生不过三十出头的年纪啊。在北京期间，鲁迅经常去徐景文大夫的诊所治牙病。徐景文可不是一般人物，他是北京城里最早的一位牙医，留洋博士。也是晚清光绪年间唯一授予的牙科进士，又称洋进士。让人哭笑不得的是，鲁迅几乎每次看完牙医总要买回一大包点心：“午后赴王府井牙医徐景文处治牙疾……过稻香村买饼干一元。”“晚往徐景文处治齿，归途过临记买饼饵一元。”一边是严重的龋齿，一边是零食不住嘴，这就难怪鲁迅牙疼不断。从二十六七岁开始，他就不断地拔牙、镶牙，在50岁时不得不换上满口假牙。后来他还在家信中现身说法，劝同样为牙病所困扰的母亲也换上全副假牙。

牙口不好，再加上饮食没有规律，肠胃的活动能力也因此降低，经常出现消化不良等症状。在日记中，我们经常可以见到“胃痛”“腹痛”这样的记载。鲁迅在40岁左右便有胃扩张症、肠弛缓症、长年食欲不振、便秘等症状。胃肠时常作痛，隔三岔五的就要服用缓下剂和施行灌肠，以解便秘之苦。鲁迅患胃病与他长时间喜欢吃辣椒有关，与他饮食没有规律有关，也与他久坐桌前，缺乏运动有关。在上海期间，鲁迅每天以伏案写作为工作，以在躺椅上看书为休息，一天到晚难得有运动的时间。随着消化能力的下降，到晚年，鲁迅的饭量已减到只有正常人的一半左右。

相对于消化系统疾病，对鲁迅健康影响最大的是肺病。

他是个烟不离手的人，在他的好多作品中都写到了抽烟。

在《藤野先生》中，他看到墙上藤野先生的照片，便“忽又良心发现，而且增加勇气了，于是点上一支烟，再继续写些为‘正人君子’之流所深恶痛疾的文字。”

《秋夜》：“我打一个呵欠，点起一支纸烟，喷出烟来，对着灯默默地敬奠这些苍翠精致的英雄们。”

《好的故事》：“……鞭爆的繁响在四近，烟草的烟雾在身边：是昏沉的夜。”

《一觉》：“我疲劳着，捏着纸烟，在无名的思想中静静地合了眼睛，看见很长的梦。忽而警觉，身外也还是环绕着昏黄；烟篆在不动的空气中飞升，如几片小小夏云，徐徐幻出难以指名的形象。”

《秋夜有感》：“中夜鸡鸣风雨集，起燃烟卷觉新凉。”

在写给许广平的第一封信中，他“老实承认”：“我其实那里会‘立地成佛’，许多烟卷，不过是麻醉药，烟雾中也没有见过极乐世界。”

在很多人的印象中，鲁迅时常在烟雾中若隐若现，他的手上好像总是有一支烟。他属于那种嗜烟如命的人。在北京教育部工作时，有一次，鲁迅购买直隶省赈灾彩票，到开奖时，居然中得四盒香烟，为此，他颇为得意。据朋友们回忆，他平时吸的都是廉价卷烟。许多朋友去看他，往往会带上香烟作为礼物。他在写给朋友的信中，也毫不讳言自己对于烟的热爱：“仰卧——抽烟——写文章，确是我每天事情中的三桩事。”有时候，朋友劝他少抽几支，他却振振有词：“我酒是早不喝了，烟仍旧，每天 30 至 40 支。不过我知道我的病源并不在此。”他说自己抽烟是不会咽到肚子里去的，因此不会对健康构成损害。在他生命最后一年，医生劝他戒烟，但他说，“唯有吸烟一事要减也减不了”。妥协的结果是，减至每天吸 15 支的最低限度。即使到了 1936 年 10 月 18 日，到了弥留之际，鲁迅的手上还是夹着一支烟。

两条丝瓜似的。据冯雪峰回忆，当时鲁迅大病初愈，仍然十分轻松地谈及自己的身体状况。他说："总不至于即刻'翘辫子'了。……我在1927年住在景云里的时候，也生过一回像这回一样的大病，真的昏迷，几乎'翘辫子'了，但一愈就是十年……'那么，总还有十年罢。"说完，便大笑起来。看起来，鲁迅对自己的身体是何等自信，然而，焉知这不是一种盲目的自信呢？谁又能想到，此时距离他离开这个世界仅剩下三个月的时间了。

逝世前夕，日本医生须藤五百三跟他谈起他身上的病，总起来说有痔疮、牙齿全缺、胃扩张、肠弛缓症、胸膜炎、喘息、肺结核等病症。然而鲁迅笑着说："只要没有花柳性病，就可以证明自己是纯洁的。"

1936年10月18日凌晨时分，鲁迅感觉呼吸困难，他用尽力气用日文写了一张便条，请许广平交给内山完造。

老板：

出乎意料，从半夜起，哮喘又发作起来了。因此，已不能践十点钟的约，很对不起。拜托你打个电话请须藤先生来。希望快点替我办！

草草顿首

L拜十月十八日

谁也不会想到，这居然是这位文坛巨匠留给世间的最后的文字。1936年10月19日凌晨6点，长时间以异于常人的毅力与病魔搏斗的鲁迅与世长辞了。

关于鲁迅的死因，几十年来众说纷纭，周海婴在《鲁迅与我七十年》一书中也表达了自己的困惑。当初，那位美国肺病专家邓（Dunn）医生在诊断后曾经说过：病人的肋膜里面积水，要马上抽掉，热度就会退下来，胃口随之就会开，东西能吃得下去，身体的抵抗力就会增加。如果现在就开始治疗、休养，至少可活十年，否则恐怕活不过半年。邓医生说，治疗的方法极其简单，任何一个医生都会做，只要照他说的去做就行，无须他亲自治疗。鲁迅的家人问是否要拍 x 光片，邓医生肯定地说："经我检查，与拍片子一样。"对于邓医生的诊断，一直负责给鲁迅治病的日本医生须藤一口否定，直到一个多月后他才承认，才抽积水，明显延误了治疗时间。周海婴认为，对于鲁迅的这种病情，连一般医科高年级学生都能通过听诊做出正确诊断，须藤医生不应该误诊，况且他已为鲁迅看病多年，更不应该搞错。

事实上，早在 1931 年，在商务印书馆工作的赵平生就曾提醒过周建人，须藤是日本"乌龙会"副会长，这是个有反华倾向的"在乡军人"团体。周建人因此建议鲁迅不要再找须藤看病，鲁迅说："还是叫他看下去，大概不要紧吧。"

更令人生疑的是，在鲁迅死后，须藤写的治疗报告中，前半段写了作为患者的鲁迅如何刚强之类的空话，后半段写治疗经过，把诊断肋膜积水的时间擅自提前，这是否在刻意掩饰自己的治疗不当呢？

新中国成立后，许广平多次访问日本，见了几乎所有的旧日友人，唯独没有见这位当初关系颇为密切的须藤医生，这又该如何解释呢？鲁迅之死，与当年的"兄弟失和"一样，是鲁迅留给人们的另一个谜。

也许，没有烟草的刺激，鲁迅便写不出那些针砭时弊、字字见血的文字。然而，也正因为这从不离手的香烟，严重损害了他的健康。

长时间高强度的工作，时时处在危机之中，54 岁的鲁迅终于因为一场重病倒下了。在写于 1934 年年底的《病后杂谈》中，鲁迅详细地介绍了自己生病的状况："我一向很少生病，上月却生了一点点。开初是每晚发热，没有力，不想吃东西，一礼拜不肯好，只得看医生。医生说是流行性感冒。好吧，就是流行性感冒。但过了流行性感冒一定退热的时期，我的热却还不退。医生从他那大皮包里取出玻璃管来，要取我的血液，我知道他在疑心我生伤寒病了，自己也有些发愁。然而他第二天对我说，血里没有一粒伤寒菌；于是注意地听肺，平常；听心，上等。这似乎很使他为难。我说，也许是疲劳吧；他也不甚反对，只是沉吟着说，但是疲劳的发热，还应该低一点。……"

在医生眼中，鲁迅是一个何等坚强的病人。在日本留学时，他就曾不打麻醉药而切除了痔疮。1936 年，由于罹患胸膜炎，宋庆龄和史沫特莱为他请来当时在上海的一位美国肺病专家邓（Dunn）医生进行检查。在检查完之后，医生说，鲁迅是"最能抵抗疾病的典型的中国人"，如果是欧洲人，早在 5 年前就死掉了。鲁迅没有让他给自己开药方，"他的医学从欧洲学来，一定没有学过给死了 5 年的病人开方的法子"。

鲁迅又是一个何等乐观的病人。在 1936 年 3 月期间，鲁迅的体重降至 37 公斤。医生给他胸部透视拍 x 光片，告诉他右胸的病变已经很严重了，他便说："左边损害不多，还很可以做点事情。"他的乐观与自信，恐怕出乎所有人的想象。1936 年 7 月，许钦文去看望鲁迅，看见他的两条小腿，瘦得跟